"Por meio de histórias sinceras e do consolo caloroso de um pastor, Max nos garante que somos mais fortes do que imaginamos, pois temos uma fonte de ajuda que está sempre presente. A mensagem deste livro nos incentiva a encontrar descanso na presença poderosa de Deus até nos nossos momentos mais escuros."
— Maria Shriver, autora best-seller do The New York Times e jornalista premiada

"Se você duvida de que Deus se importa profundamente com você, abra este livro. Max nos lembra de que nunca estamos sem esperança ou ajuda, porque temos um Deus que opera milagres e que caminha conosco, resgatando-nos das nossas tempestades."
— Bob Goff, autor best-seller do The New York Times de Love Does e Everybody, Always; criador de Dream Big Workshops

"Meu amigo Max Lucado é uma das vozes mais confiáveis que Deus deu a este mundo. Como sempre, a sensibilidade cronológica de Max é impecável. Solidão e isolamento parecem ser a raiz de grande parte da nossa dor. Estamos mais conectados digitalmente do que nunca, mas nossa sociedade se sente mais solitária a cada dia. Não é maravilhoso sermos lembrados de que fomos criados por Deus para um relacionamento com ele e de que cada milímetro e cada segundo da nossa vida frágil importa para ele? Obrigado, Max, por abrir nossos olhos para essa realidade. Recomendo muito este livro."
— Chris Tomlin, artista, compositor, autor

"Solidão é a nova pandemia que infecta nosso mundo. As estatísticas são assustadoras: 40% de todos os norte-americanos afirmam que eles carecem de relacionamentos significativos em suas vidas. A notícia maravilhosa é que nenhum de nós está sozinho. Somos amados por Deus e por mais pessoas do que percebemos. Ouça a sabedoria de meu amigo Max Lucado, um verdadeiro tesouro norte-americano, enquanto ele o conduz para o melhor relacionamento que você pode ter."
— Greg Laurie, autor e pastor-sênior da Harvest Christian Fellowship

"*Você nunca está só* nos leva para além de uma fé superficial e convida os leitores a uma fé doadora de vida — uma fé que nos encoraja a depositar toda a nossa confiança num Salvador vivo e amoroso."
— Andy Stanley, fundador e pastor principal do North Point Ministries

"Este é um livro lindo e simples que edifica a fé. Cada página é tão encorajadora!"
— John Eldredge, best-seller do The New York Times

"Acabei de ler *Você nunca está só*, o novo livro de Max Lucado. Adoro seu jeito de escrever. Na verdade, ele escreve como Jesus falou. Ele alcança a vida das pessoas. Fala a língua da pessoa comum e toca nosso coração de maneiras memoráveis. Obrigado, Max, por ser quem você é. Seus pensamentos me comoveram profundamente e me encorajaram exatamente no que precisei ser encorajado hoje. Recomendo muito este livro."
— Carter Conlon, supervisor-geral da Times Square Church Inc.

"Deus sabia que precisávamos deste livro. Em meio a uma pandemia que nos isolou e de taxas cada vez maiores de solidão, este livro serve como lembrete oportuno de que nunca estamos sós. Max nos ajuda a abrir os olhos para os milagres que nos cercam e fornece a garantia de que Deus está mais perto de nós do que jamais imaginamos."
— Mark Batterson, autor best-seller do The New York Times e pastor principal da National Community Church

"Max Lucado é um pastor amoroso e um comunicador talentoso; somos extremamente gratos por sua amizade e seu ministério. *Você nunca está só* é um convite divino para uma vida de fé abundante e inexorável no nosso Salvador. Cada capítulo guiará você a uma confiança mais profunda na promessa de que ele está sempre contigo."
— Brian e Bobbie Houston, pastores seniores globais da Hillsong Church

— VOCÊ —
Nunca está só

VOCÊ Nunca está só

Confie no milagre da
PRESENÇA e do **PODER** de **DEUS**

Max Lucado

Tradução de Markus A. Hediger

Thomas Nelson
BRASIL®

Título original: *You are never alone*
Copyright © 2020 por Max Lucado
Copyright da tradução © 2020 por Vida Melhor Editora Ltda.
Edição original por Thomas Nelson. Todos os direitos reservados.
Todos os direitos desta publicação reservados por Vida Melhor Editora Ltda.

PUBLISHER	Samuel Coto
EDITORES	André Lodos e Bruna Gomes
TRADUÇÃO	Markus Hediger
REVISÃO	Eliana Moura Mattos
ADAPTAÇÃO DE CAPA E PROJETO GRÁFICO	Filigrana

Os pontos de vista desta obra são de total responsabilidade de seu autor, não refletindo necessariamente a posição da Thomas Nelson Brasil, da HarperCollins Christian Publishing ou de sua equipe editorial.

As citações bíblicas são da *Nova Versão Internacional* (NVI), da Bíblica, Inc., a menos que seja especificada outra versão da Bíblia Sagrada.

Dados Internacionais de Catalogação na Publicação (CIP)

L965v Lucado, Max
1.ed.   Você nunca está só: confie no milagre da presença e do poder de Deus / Max Lucado; tradução de Markus Hediger. - 1.ed. – Rio de Janeiro: Thomas Nelson Brasil, 2020.
         320 p.; 15,5 x 23 cm.

         Tradução de: You are never alone.
         ISBN: 978-65-56890-84-5

         1. Cristianismo. 2. Esperança. 3. Aspectos religiosos. 4. Aflição 5. Depressão. I. Hediger, Markus. II. Título.

8-2020/65   CDD 230
                                             CDU 27-1

Bibliotecária responsável: Aline Graziele Benitez CRB-1/3129

Thomas Nelson Brasil é uma marca licenciada à Vida Melhor Editora Ltda.
Todos os direitos reservados à Vida Melhor Editora Ltda.
Rua da Quitanda, 86, sala 218 - Centro
Rio de Janeiro, RJ - CEP 20091-005
Tel.: (21) 3175-1030
www.thomasnelson.com.br

*Muito apreço pelos seguintes ministros,
cuja fé e coragem inspiram nossa igreja:
Travis e Alisha Eades, Brian e Janet Carruth,
Miguel e Haydee Feria, Mario e Christina Gallegos,
Sam e Ann Gonzalez, Jimmy e Annette Pruitt,
Rich e Linda Ronald.*

Sumário

Agradecimentos   11

1. Nós não podemos, mas Deus pode   13
2. Ele vai repor o que a vida levou   21
3. A longa jornada entre oração oferecida e oração respondida   33
4. Levante-se, pegue a sua maca e ande   45
5. Nós podemos resolver isso   57
6. Eu Sou contigo na tempestade   67
7. Ele dá vista aos cegos   77
8. A voz que esvazia túmulos   89
9. Totalmente pago   101
10. Ele viu e creu   111
11. Café da manhã com Jesus   121
12. Creia, apenas creia   135

Perguntas para refletir   145

Notas   193

Guia de estudo   199

Agradecimentos

Acredito que o que aconteceu foi o seguinte. Muito tempo atrás, Deus decidiu que Lucado precisaria de toda a ajuda que o céu pudesse oferecer. Ele sabia que eu perderia o rumo, procrastinaria, resmungaria, me reviraria na lama e que eu exigiria um time de resgate de primeira do qual os próprios anjos teriam inveja. Existe outra explicação para uma pessoa acabar cercada de tanta gente maravilhosa? Eu não os mereço. Mas certamente os amo. Senhoras e senhores, quero lhes apresentar (tambores, por favor) a melhor equipe de apoio que um autor já teve.

Liz Heaney e Karen Hill. Não existem editoras melhores. Pela milionésima vez, obrigado.

Carol Bartley. Você é para a revisão de textos o que a Julia Child era para a cozinha: a melhor.

Steve e Cheryl Green. O céu emprestou vocês à terra, e nós não vamos devolvê-los.

A equipe de super-heróis da HCCP: Mark Schoenwald, Don Jacobson, Tim Paulson, Mark Glesne, Erica Smith, Janene MacIvor e Laura Minchew.

Brian Hampton. Um tributo especial a esse homem precioso que passou desta vida para a próxima enquanto este livro estava sendo completado.

David Moberg. Uma parte da indústria de livros cristãos desde 1975 e parte essencial da minha vida desde 1989. Obrigado por... bem, por ser David Moberg.

Jana Muntsinger e Pamela McClure. Embora seus títulos sejam o de "assessoras de imprensa", *amigas* é uma palavra melhor. Obrigado.

Greg e Susan Ligon. Vocês acalmam; vocês esclarecem; vocês criam. Existe algo que não possam fazer? Muito obrigado por manterem este trem nos trilhos.

Dave Treat. Mais uma vez, você ergueu este projeto em oração. Que suas orações mais elevadas sejam respondidas.

Janie Padilla e Margaret Mechinus. Graças a vocês, ligações são feitas, e-mails são respondidos, livros são guardados e o caos se acalma.

Brett, Jenna, Rosie, Max, Andrea, Jeff e Sara. Essa árvore genealógica fica mais verde, mais vibrante e mais louca a cada dia. Amo cada um de vocês.

E Denalyn, minha eterna namorada. Quando Deus a criou, ele usou o material para violinos e vinho doce. Como eles, você fica mais doce com o passar do tempo. Eu amo você.

CAPÍTULO 1

Nós não podemos, mas Deus pode

"Eu sou apenas eu, e não sou lá muita coisa."

Já tínhamos conversado por mais de uma hora quando ela disse essas palavras. Tínhamos tomado duas xícaras de café na sala de espera do hospital. O dela com adoçante, o meu com leite. Sua estatura era baixa. Sem maquiagem, cabelo embaraçado. A camiseta era grande demais e estava amassada. Perguntei-me se ela tinha dormido ali, daquele jeito mesmo. Ela mexia sem parar, rodando a colher de plástico incessantemente até sua bebida se transformar num pequeno turbilhão, semelhante às emoções que estava sentindo — sentimentos de impotência que não paravam de girar, circular, rodar.

Seu filho de 17 anos — que no momento estava na unidade de terapia intensiva a duas portas e cinquenta metros de distância — tinha lutado contra a dependência de opiáceos por um ano ou mais. Um acidente de carro o trouxe para o hospital. Quatro dias de desintoxicação forçada o deixaram angustiado e implorando por remédios que os médicos se recusavam a dar. Ele estava amarrado à cama.

Sua mãe precisou de uma hora para me contar o que eu contei para você em um parágrafo. A história dela exigia pausas de soluço e suspiros profundos, incluía ataques de raiva quando mencionava seu ex-marido, que não tinha aparecido nem pagado a pensão do filho durante grande parte do ano. Nenhum sinal do pai na semana inteira. Ele sempre tinha alguma desculpa. De forma geral, a mãe acreditava: "Eu sou apenas eu, e não sou lá muita coisa". Ela apertou tanto seu copo descartável, que pensei que racharia.

Você conhece esse sentimento? Está familiarizado com a queda livre? Convencido de que ninguém se importa, de que ninguém pode ajudar, ouvir ou vir ao seu socorro? Se conhece esse sentimento, você não está só. Não quero dizer que você não está só em conhecer esse sentimento. Quero dizer que você não está só. Ponto. Aquela sensação crua, sombria de isolamento e impotência? Ela não durará para sempre. Se você acha que precisa resolver isso sozinho, tenho alguns eventos para você contemplar — ou melhor, João, o apóstolo, tem algumas histórias para você ponderar.

Ele teceu um tapete de milagres que foram "escritos para que vocês creiam que Jesus é o Cristo, o Filho de Deus e, crendo, tenham vida em seu nome" (João 20:31). Uma fé que dá vida! É isso que João deseja discutir.

Fé abundante, robusta e resiliente. A vida começa a acontecer quando cremos. Encontramos uma força maior do que a nossa. Realizamos tarefas que estão além da nossa capacidade. Vemos soluções que ultrapassam nossa sabedoria. Fé não é algum tipo de saudação respeitosa a um ser divino. Fé acontece quando depositamos nossa confiança em Deus. É a decisão de se apoiar totalmente na força de um Salvador vivo e amoroso. Na medida em que fizermos isso, teremos "vida em seu nome". Esse é o propósito dos milagres. João relatou sinais, e cada um deles tinha a intenção de alimentar nossa convicção sobre esta promessa: você e eu jamais estamos sós. Não foi essa uma das últimas promessas de Cristo? Antes de subir ao céu, ele garantiu aos seus amigos: "Eu estarei sempre com vocês, até o fim dos tempos" (Mateus 28:20). Essas palavras devem ter significado o mundo para João.

Imagine o apóstolo já idoso compartilhando essas histórias. É um homem velho. Cabelos grisalhos, pele enrugada. Mas seus olhos estão cheios

AGRADECIMENTOS

de esperança, e seu riso é capaz de encher uma sala. Ele pastoreia um grupo de seguidores de Cristo em Éfeso. Adora contar — e eles adoram ouvir — a história do dia em que, umas seis décadas antes e a uns 1.500 quilômetros de distância, Jesus o convidou a largar sua rede de pesca e segui-lo. João aceitou o convite. Pedro, André e Tiago também. Eles já estão mortos. Há muito tempo, eles cumpriram sua missão e encerraram sua vida. O único que resta é João.

E João, provavelmente ciente de que seus dias estão acabando, assume uma última tarefa. O Evangelho de Marcos já está em circulação. Mateus e Lucas compilaram seus relatos da vida de Cristo. João quer fazer o mesmo. Mas seu evangelho será diferente. Ele quer contar histórias que seus colegas não contaram e acrescentar detalhes às histórias que contaram. Para o seu evangelho, ele seleciona diversos "sinais".

Ele nos leva a Caná para uma degustação de vinho, depois para Cafarnaum para ver como um pai abraça o filho que ele temia estar prestes a morrer. Sentimos a fúria de uma tempestade raivosa na Galileia e ouvimos o murmúrio de uma multidão faminta numa colina. Vemos como um paralítico levanta seu corpo e um cego levanta seus olhos. Antes de terminar, João nos leva a dois cemitérios e ao pé de uma cruz e nos convida a ouvir uma conversa matinal que mudou a vida de um apóstolo. Os milagres escolhidos por João abarcam toda a gama: desde um casamento até uma execução violenta, desde barrigas vazias até sonhos destruídos, desde esperanças abandonadas até amigos enterrados. E teremos cuidado, ah, muito cuidado, para ver os sinais como João quis que os víssemos: não como registros num livro de História, mas como exemplos do manual de Deus.

Todos esses eventos se unem em uma única voz, chamando você para que levante seus olhos e abra seu coração para a possibilidade — na verdade, para a realidade — de que a maior força no universo é Aquele que deseja seu bem e lhe traz esperança.

João os registrou não para nos impressionar, mas para nos encorajar a crer na presença tenra e no poder enorme de Cristo. Essa montagem de milagres proclama: Deus cuida disso! Você acha que cabe a você e que você não é lá grande coisa? Bobagem. Deus carrega você. Você é mais forte do que acredita, porque Deus está mais próximo do que você imagina.

Jesus tocou feridas. Ele falou palavras de esperança. Vidas melhoraram. Bênçãos foram concedidas. Havia uma mensagem em seus milagres: "Eu estou aqui. Eu me importo".

Se a intenção de Jesus tivesse sido apenas provar sua divindade, ele poderia ter materializado um bando de aves do nada e ordenado que árvores se levantassem e saíssem flutuando pelo céu. Ele poderia ter transformado riachos em cascatas, ou pedras em abelhas. Tais feitos teriam demonstrado seu poder. Mas Jesus queria que víssemos mais. Ele queria nos mostrar que existe um Deus milagroso que ama, se importa e vem ao nosso socorro.

Nós precisamos dessa mensagem nos dias de hoje?

Este livro é cria da quarentena. Eu o completei durante os dias do coronavírus. Quando comecei a escrevê-lo uns meses atrás, praticamente ninguém sabia o que era covid-19. Expressões como "distanciamento social" e "fique em casa" existiam em manuais, mas não faziam parte do nosso vocabulário do dia a dia. Mas tudo isso mudou. Enquanto escrevo, milhões de pessoas estão trancados em apartamentos, casas e cabanas.

Essa crise intensificou uma epidemia já desenfreada de isolamento e depressão. Uma pesquisa descobriu que a solidão é tão nociva à nossa saúde quanto fumar 15 cigarros por dia. Ela pode causar demência ou Alzheimer, doenças cardíacas, um sistema imunológico enfraquecido e diminuir a expectativa de vida.[1]

Os administradores de um dos maiores hospitais da América do Norte citam a solidão como causa principal de salas de emergência superlotadas. O Parkland Hospital em Dallas, no Texas, fez essa descoberta

AGRADECIMENTOS

surpreendente enquanto procurava maneiras de aliviar a pressão sobre o sistema. Analisaram dados e compilaram uma lista de pacientes frequentes. Identificaram 80 pacientes que procuraram quatro emergências 5.139 vezes num período de 12 meses, causando custos de mais de 14 milhões de dólares ao sistema.

Após terem identificado os nomes desses pacientes frequentes, enviaram equipes para determinar a razão. Sua conclusão? Solidão. Pobreza e falta de alimentos eram fatores contribuintes, mas o fator número 1 era a sensação de isolamento. A emergência lhes dava atenção, bondade e cuidado. Daí os muitos retornos. Eles queriam saber que alguém se importa.[2]

Isso não se aplica a todos nós? O apóstolo João queria que soubéssemos que Alguém se importa. Queria que acreditássemos, que depositássemos nosso fardo totalmente na força desse Deus amoroso.

Quando a vida parece difícil, Deus se importa?

Estou enfrentando muitas provações. Deus vai me ajudar?

Quando a vida parece escura e tenebrosa, Deus percebe?

Estou com medo da morte. Deus vai me amparar?

A resposta que encontramos no Evangelho de João é um grande e sonoro *sim*. Você conhece esses milagres? Você acredita num Jesus que tem não só poder, mas também amor pelos fracos e feridos do mundo? Você acha que ele se importa o suficiente com você para encontrá-lo nas solitárias salas de espera, nos centros de recuperação e nas casas de repouso da vida?

Recentemente fui fazer uma caminhada com dois dos meus melhores companheiros: minha neta Rosie, de três anos e meio, e Andy, meu cachorro fiel. Andy adora explorar o leito seco de um rio perto da nossa casa. E Rosie adora correr atrás dele. Ela acredita que pode ir para onde ele for. Quando ofereço ajuda, ela a recusa. É uma garota e tanto, igual à avó dela. Assim, Andy foi à frente. Rosie o seguiu tropeçando, e eu tentei acompanhar os dois.

Andy descobriu algum bicho em meio aos arbustos e se meteu neles. Rosie pensou que poderia fazer o mesmo. Andy atravessou os arbustos, mas Rosie ficou presa. Os galhos arranharam sua pele, e ela começou a chorar.

"Papa Max! Você me ajuda?"

O que foi que eu fiz? Fiz o que você teria feito. Eu me enfiei no mato e estendi a mão. Ela levantou seus braços e permitiu que eu a tirasse dali. Deus fará o mesmo com você. Você nunca está só, nunca está sem ajuda, nunca está sem esperança.

Você e eu ansiamos por Alguém que vem ao nosso encontro no meio da bagunça da vida. Desejamos crer num Deus vivo, amoroso, que opera milagres e que não pensa duas vezes antes de se meter nos arbustos espinhentos do nosso mundo para nos tirar dali.

Se esse é o seu desejo, dê uma boa olhada nas palavras de João e nos milagres de Cristo e veja se eles não alcançam seu objetivo: "para que vocês creiam que Jesus é o Cristo, o Filho de Deus e, crendo, tenham vida em seu nome" (João 20:31).

CAPÍTULO 2

Ele vai repor o que a vida levou

Ele não parecia ser onisciente. Parecia inteligente, com seus óculos de tartaruga, seu terno cinza e a pilha de documentos. Era esperto, estava sempre preparado e era o estatístico perfeito que sua profissão exigia. De outro mundo e profético? Divino? Vidente? Não vi nenhuma auréola. Nem servos angelicais. Havia um brilho em seu rosto, mas eu atribuí isso ao sol da tarde que invadia a janela do escritório.

"Vejamos", ele disse, folheando um arquivo com gráficos e relatórios. "Vocês dois viverão até..." Ele levantou os olhos tempo suficiente para dizer: "Se vocês quiserem conferir pessoalmente, estou na página sete". Esperou até encontrarmos a página. As palmas das minhas mãos estavam começando a ficar úmidas. Os olhos de Denalyn estavam arregalados. Já tínhamos recebido datas antes: datas esperadas de nascimento das nossas filhas, datas de formatura na faculdade, pedidos para reservar datas de casamento. Mas uma data de morte? Isso dava um significado totalmente novo à expressão *deadline*. Queríamos ouvir suas conclusões?

O emprego dele era o de corretor de seguros de vida. No telefone, tinha me dito: "Quero garantir que vocês tenham o que precisam". Para fazer isso, ele precisava de dois dados: a quantia que estávamos dispostos a pagar mensalmente e o número de anos que ainda nos restava na terra. Eu pude lhe fornecer a primeira informação. Ele disse que forneceria a segunda. E agora ele estava prestes a passá-la para nós. "E se a data cair nesta semana?", perguntei à Denalyn. "Devo organizar um palestrante para a igreja?" Ela não sorriu. Ele também não. Ele falou com o tom de voz casual de um funcionário de hotel verificando datas de reserva. "Sra. Lucado, teremos você conosco até 2044. Sr. Lucado, parece que a sua data de partida será em 2038". Bem, aí estava. Agora, pelo menos, sabíamos. Não posso lhe dizer o que mais ele disse naquele dia. Fiquei pensando na data em minha lápide. Eu já conhecia o primeiro número: 1955. Sabia que depois viria um hífen de uns dois centímetros de largura. (Certa vez, tomei as medidas por mera curiosidade.) Agora eu sabia qual seria o segundo número: 2038.

Essa conversa ocorreu em 2018. Restavam-me vinte anos. Eu já tinha percorrido três quartos do caminho até o dia da grande travessia. Armado com essa nova informação, não pude deixar de calcular meus recursos restantes:

- 168.192.000 respirações (parece muito, no entanto usei mais de 2 mil escrevendo o primeiro esboço da introdução a este capítulo).
- 108 mil tacadas de golfe (ou, em meu caso, o equivalente a dez jogos).
- 7.300 noites na cama com uma bela adormecida chamada Denalyn (um número que parece ser muito maior do que aquilo que mereço, mas muito menor do que aquilo que desejo).

Minha lista incluía também as eleições presidenciais remanescentes, finais de campeonatos e primaveras.

O exercício me lembrou de uma verdade que costuma ser ignorada: estamos esgotando. Nossos dias, encontros, danças estão se esgotando. A ampulheta foi irreversivelmente virada no dia em que nascemos, e temos gastado nossos recursos desde então. Não temos mais o que tínhamos ontem. Nossos gastos são maiores do que nossa economia — um fato que, acredito eu, explica o raciocínio por trás do milagre número 1 no ministério de Jesus. Ele estava num casamento. Maria, sua mãe, também estava presente. Ela foi até Cristo com um problema: "Eles não têm mais vinho" (João 2:3).

Se eu fosse um anjo e estivesse de plantão naquele dia, teria intervindo. Eu teria colocado uma asa entre Maria e Jesus e a teria lembrado da missão de seu filho. "Ele não foi enviado para a terra para tarefas tão mundanas e ordinárias. Vamos guardar seus poderes milagrosos para ressuscitar corpos, tocar leprosos e expulsar demônios. O vinho acabou? Não se queixe com Jesus".

Mas eu não era o anjo de plantão. E Maria recrutou a ajuda de seu filho para lidar com o problema: conchas de vinho vazias. Na Palestina do primeiro século, o povo sabia fazer uma festa. Nada de casamento de uma noite só. Não, senhor. Casamentos costumavam durar até uma semana, e os convidados esperavam que comida e vinho durassem o mesmo tempo. Por isso Maria ficou preocupada quando viu os servos raspando o fundo dos barris de vinho.

Culpe o planejador de casamentos por isso. Culpe os convidados por beberem mais do que deveriam. Culpe Jesus por aparecer com um bando de discípulos sedentos. João não nos conta a razão da falta de vinho, mas somos informados de que os barris foram reabastecidos. Maria apresentou o problema a Jesus. Cristo hesitou. Maria insistiu. Jesus repensou. Deu uma ordem. Os servos obedeceram e ofereceram ao *sommelier* o que juravam que era água. Ele bebeu, lambeu os lábios, ergueu a taça contra a luz e disse algo sobre guardar o melhor vinho para o brinde de despedida. Os servos o acompanharam até os seis barris que transbordavam com a fruta da vinha. De repente, o casamento sem vinho estava banhado de vinho. Maria sorriu para o seu filho. Jesus levantou sua taça para a mãe, e a história termina com esta mensagem para nós: a diminuição dos nossos suprimentos, por mais insignificantes que sejam, importa para o céu.

Tenho um testemunho curioso que comprova essa verdade. Durante uma das muitas estações pouco sãs da minha vida, eu competia em triatlos *Half Ironman*. O evento consistia em 1,9 km de natação, 90 km de ciclismo e 21,1 km de corrida. Por que um pregador de 55 anos participava de tal aventura? Era o que minha esposa ficava me perguntando. (Não se preocupe, eu não usava aquela roupa coladinha.)

Durante uma dessas corridas, fiz a oração mais esquisita da minha vida. Eu e mais três colegas viajamos para a corrida na Flórida. Um dos meus amigos tinha convidado um competidor de Indiana para se unir a nós. Eu conhecia esses três participantes. Havia pelo menos duzentas pessoas que eu não conhecia, um fato crucial que exerceria um papel crucial na minha história. Completei o trecho de natação não morto, mas quase morto e quase em último lugar. Peguei minha bicicleta e dei início ao trecho de três horas.

Após mais ou menos um terço do caminho da parte de ciclismo, enfiei a mão no bolso para pegar um pacote de nutrientes de fácil ingestão. Bem, adivinhe quem esqueceu sua comida? Eu estava sem nada para comer e ainda faltavam uns 45 km. Na estrada de um triatlo, não é fácil encontrar um supermercado que venda esse tipo de alimento especializado para atletas.

Assim como você, eu já fiz inúmeras orações na minha vida. Tenho orado pelos moribundos na hora de sua morte e por bebês quando nascem. Tenho orado por corações rompidos, lares danificados e ossos fraturados. Mas nunca tinha orado por esse tipo de comida. Mas o que deveria ter feito? Não ter comida significava o fim da corrida para um sujeito velho como o Max.

Então orei. Entre pedaladas e baforadas, eu disse: "Senhor, isso pode muito bem ser a única vez em toda a eternidade que ouvirás esta oração. Mas a situação é a seguinte..."

A comida caiu do céu? Bem, meio que sim. O rapaz de Indiana, o amigo do meu amigo, uma das três únicas pessoas que eu conhecia nessa multidão, "por acaso" apareceu atrás de mim.

"E aí, Max? Como está indo?", ele perguntou.

"Bem, estou com um probleminha."

Quando soube da minha falta de comida, meteu a mão no bolso de sua blusa ciclista, tirou três porções e disse: "Tenho bastante!". Ele as deu para mim e sumiu de vista.

Talvez você esteja pensando: "Lucado, que exemplo sem graça de uma oração respondida. Eu estou lidando com doença, *dívidas*, ameaça de demissão e decepção, e você vem me falar de algo tão insignificante como alimentação durante uma corrida?".

O ponto é precisamente esse.

Na verdade, creio que essa seja a mensagem de Jesus. Qual a importância da falta de vinho num casamento? Dentre todas as necessidades das pessoas no planeta, por que barris de vinho sem vinho importariam? Simples. Aquilo importava para Jesus porque importava para Maria. Se Jesus estava disposto a usar sua influência divina para resolver um constrangimento social, quanto mais estaria disposto a intervir em questões mais importantes na vida?

Ele quer que você saiba que pode levar suas necessidades — *todas as suas necessidades* — até ele. "Não andem ansiosos por coisa alguma, mas *em tudo*, pela oração e súplicas, e com ação de graças, apresentem seus pedidos a Deus" (Filipenses 4:6). Em *tudo* — não apenas nas coisas grandes — apresente seus pedidos a Deus. Maria foi um exemplo disso. Ela apresentou a necessidade a Cristo: "Eles não têm mais vinho". Sem fanfarra. Sem drama. Ela conhecia o problema. Ela sabia quem podia prover. Ela ligou o primeiro com o segundo.

Minhas filhas faziam isso. Elas tinham um jeito de me dizer exatamente do que precisavam quando precisavam de uma coisa. Nunca recebi uma ligação de uma delas dizendo: "Por favor, seja um bom pai hoje, papai". Nem: "Declaro em nome da boa criação de filhos que você deve satisfazer os meus desejos mais profundos".

O que eu ouvia era: "Você pode vir me pegar?"; "Você me dá dinheiro?"; "Posso dormir na casa de uma amiga?"; "Você me ajuda com os deveres de casa?"; "Como você se tornou um pai tão brilhante, sábio e vistoso?".

Tudo bem, essa última pergunta pode ser um exagero. O que quero dizer é: minhas filhas faziam pedidos específicos. Eu recuava diante dessa especificidade? Eu me sentia insultado porque elas ousavam me dizer exatamente quais eram suas necessidades? É claro que não. Eu era o pai delas. Era o jeito delas de dizer: "Eu dependo de você". Cabe ao pai atender à necessidade e responder ao pedido da criança.

Assim, eu pergunto: Você pediu? Você transformou seu déficit em oração? Jesus preparará uma resposta à sua necessidade específica. Ele não é *chef* de uma lanchonete. Ele é um *chef* experiente que prepara bênçãos únicas para situações únicas. Quando multidões procuraram Cristo em busca de cura, "ele os curou, impondo as mãos sobre *cada um* deles" (Lucas 4:40, grifo meu).

Se Jesus assim tivesse desejado, poderia ter ordenado que uma nuvem de bênçãos curadoras envolvesse a multidão. Mas ele não é um Salvador do tipo "o mesmo tamanho serve para todos". Ele impôs suas mãos sobre cada um, individual e pessoalmente. Percebendo necessidades únicas, ele concedeu bênçãos únicas.

Uma oração precisa dar a Cristo a oportunidade de remover qualquer dúvida sobre seu amor e interesse. Seu problema se torna o caminho dele. O desafio que você enfrenta se torna a tela sobre a qual Cristo pode criar sua melhor obra. Então ofereça uma oração simples e confie seu problema a Cristo.

Novamente Maria nos serve como modelo. Observe cuidadosamente o diálogo entre ela e Jesus. No versículo 3, ela apresenta a necessidade: "Eles não têm mais vinho". No versículo 4, Jesus se mostra estranhamente fechado ao pedido, dizendo: "Que temos nós em comum, mulher? A minha hora ainda não chegou" (João 2:4).

Aparentemente, Jesus levava consigo uma agenda. Ele tinha uma hora em mente na qual se revelaria, e aquele dia em Caná não era o momento planejado. Ele foi ao casamento com a intenção de... bem, de ir ao casamento. Sua lista de afazeres para aquele dia não incluía o ponto "Transformar água em vinho". Os anjos não estavam ansiosos para ver o milagre número 1 porque, no que dizia respeito ao Comitê Angelical para Milagres Iniciais, o momento do milagre inicial estava agendado para outra hora. Por isso Jesus hesitou diante do pedido de Maria.

Você já ouviu algo semelhante. Em sua versão pessoal do versículo 3, você explicou sua carência: acabou o vinho, o tempo, o vigor ou a visão. Seu tanque estava vazio; o saldo da conta bancária estava no vermelho. Você apresentou seu caso no versículo 3. E então veio o versículo 4. Silêncio. O silêncio de uma biblioteca à meia-noite. A resposta não veio. Nenhum depósito que tivesse quitado o saldo negativo foi feito. Quando a resposta não vem, o que diz o seu versículo 5?

O versículo 5 de Maria poderia ter sido:

"Ela se afastou bufando de raiva."

"Ela declarou que não acreditava mais em seu Filho."

"Ela disse: 'Se você me amasse, teria respondido à minha oração'."

"Ela disse: 'Todos esses anos lavando sua roupa e preparando suas refeições, e é assim que você agradece?'"

No entanto o versículo 5 de Maria diz: "Sua mãe disse aos serviçais: 'Façam tudo o que ele lhes mandar'" (João 2:5).

Tradução? "Quem manda aqui é Jesus, não eu."; "Ele faz o mundo girar, não eu."; "Ele vê o futuro; eu não."; "Eu confio em Jesus. Não importa o que ele lhes diga, obedeçam."

Tudo significa tudo. Tudo o que ele disser, tudo o que ele mandar. Mesmo que seu "tudo" seja *nadinha de nada*, façam.[1]

Maria deixou claro: Cristo era o rei do casamento. Ela poderia também ter colocado uma coroa em sua cabeça e um manto sobre seus ombros. Trinta anos de convívio com Jesus tinham ensinado a ela: Jesus sabe o que está fazendo. Ela tinha fé não no fato de que ele faria exatamente o que ela tinha pedido, mas que ele faria exatamente o que era certo. Sua fé nele lhe deu a força para dizer: "Se ele disser 'sim', maravilha. Se ele disser 'não', ótimo".

Algo na fé explícita de Maria fez com que Jesus mudasse sua agenda.

> Ali perto havia seis potes de pedra, do tipo usado pelos judeus para as purificações cerimoniais; em cada pote cabia entre oitenta a cento e vinte litros. Disse Jesus aos serviçais: "Encham os potes com água". E os encheram até a borda. Então lhes disse: "Agora, levem um pouco do vinho ao encarregado da festa". Eles assim o fizeram. (vs. 6-8)

Seis potes de água produziriam vinho para — segure-se — 756 garrafas de vinho![2] O Vale de Napa nunca viu tamanha safra.

> O encarregado da festa provou a água que fora transformada em vinho, sem saber de onde este viera, embora o soubessem os serviçais que haviam tirado a água. Então chamou o noivo e disse: "Todos servem primeiro o melhor vinho e, depois que os convidados já beberam bastante, o vinho inferior é servido; mas você guardou o melhor até agora". (vs. 9-10)

O milagre de Cristo resultou não só numa abundância de vinho, mas numa abundância de vinho bom.

Vinho de cozinha teria sido o suficiente. Vinho de supermercado teria satisfeito às expectativas dos convidados. Um vinho modesto para tomar com uma fatia de pizza numa noite de terça-feira teria bastado para Maria. Mas não para Jesus. Algo poderoso acontece quando apresentamos nossas necessidades a ele e confiamos que ele fará o que é certo: ele é "capaz de fazer infinitamente mais do que tudo o que pedimos ou pensamos" (Efésios 3:20).

A nós cabe simplesmente acreditar — acreditar que Jesus é o rei de cada e qualquer situação. Então faça o seu pedido específico e confie que ele fará não o que você quer, mas o que é melhor. Antes que perceba, você estará oferecendo um brinde Àquele que ouve seus pedidos.

Falando nisso, se por acaso você ainda estiver por aqui em 2038, nós o informaremos se nosso amigo, o preditor da duração de vida, sabia o que estava fazendo.

CAPÍTULO 3

A longa jornada entre oração feita e oração respondida

Bill Irwin não foi a primeira pessoa a percorrer a trilha dos Apalaches. Ele não foi o primeiro indivíduo a iniciar sua caminhada em Springer Mountain, Geórgia, e terminá-la em Mount Katahdin, Maine. Outras almas aventureiras já percorreram as 2.100 milhas, suportaram a neve, o calor e a chuva, dormiram no chão, venceram os riachos e tremeram no frio. Bill Irwin não foi o primeiro a realizar essa proeza. Mas foi o primeiro neste sentido: ele era cego quando a realizou.

Irwin tinha cinquenta anos quando, em 1990, partiu em sua aventura. Um dependente químico em recuperação e um cristão comprometido, ele decorou 2Coríntios 5:7 e fez desse versículo o seu mantra: "Porque vivemos por fé, e não pelo que vemos". E foi o que ele fez. Não usou mapas, nem GPS, nem bússola. Eram só Irwin, seu pastor alemão e o terreno acidentado das montanhas. Ele acredita que tenha caído uma 5 mil vezes,[1] ou seja, vinte vezes por dia durante oito meses. Lutou contra hipotermia, fraturou as costelas, ralou as mãos e os joelhos mais vezes do que conseguiu contar.[2]

Mas ele conseguiu. Fez a longa caminhada por fé, não pelo que via. Você está fazendo o mesmo. Provavelmente não nas trilhas dos Apalaches, mas nas provações da vida. Você está caminhando não na estrada entre

Georgia e Maine. Você está caminhando numa estrada ainda mais íngreme e longa: a estrada entre a oração feita e a oração respondida. Entre

- súplica e celebração;
- joelhos dobrados e mãos erguidas;
- lágrimas de medo e lágrimas de alegria;
- entre "Ajuda-me, Senhor" e "Obrigado, Senhor".

Você conhece essa estrada? Como as dúvidas a escurecem? Como o desespero o acompanha como um companheiro indesejado? Se você se reconhecer nisso, encontrará inspiração nesta história.

> Mais uma vez, ele visitou Caná da Galileia, onde tinha transformado água em vinho. E havia ali um oficial do rei, cujo filho estava doente em Cafarnaum. Quando ele ouviu falar que Jesus tinha chegado à Galileia, vindo da Judeia, procurou-o e suplicou-lhe que fosse curar seu filho, que estava à beira da morte. (João 4:46-47)

O pai era um homem que ocupava uma alta posição na corte de Herodes. É provável que tenha sido gentio. Hoje em dia, seu equivalente seria o chefe de gabinete da Casa Branca ou um membro do gabinete presidencial. Ele ocupava uma posição de *status* e supervisionava uma legião de servos. Mas nada disso importava, pois ele tinha um filho que estava muito doente. Era uma criança, apenas um garoto (João 4:49). Não duvido de que o aristocrata proeminente tenha convocado os melhores médicos para ajudar seu filho. Mas ninguém conseguiu. A criança continuava à beira da morte. O dólar não é todo-poderoso. Nem posição nem riquezas podem proteger seus donos contra doenças e morte. Certamente, esse pai teria dado tudo que tinha para ver seu filho curado.

A LONGA JORNADA ENTRE ORAÇÃO FEITA E ORAÇÃO RESPONDIDA

Ele vivia em Cafarnaum, uma aldeia de pescadores que servia como base de operações para Jesus. Pedro tinha uma casa ali. Sabe-se que Jesus falava em sua sinagoga. Não é difícil imaginar um aldeão sugerindo ao pai angustiado: "Peça ajuda ao nazareno. Ele tem poder de cura". Jesus era conhecido em Cafarnaum, mas estava a 27 quilômetros dali, na aldeia de Caná.[3]

O oficial partiu em sua busca. Ele deu um beijo na testa febril de seu filho e fez uma promessa à sua esposa ansiosa, e então partiu na direção nordeste, contornando o mar da Galileia. A viagem exigia comida, planejamento e um protocolo de segurança. Partindo antes do amanhecer, ele chegaria a Caná ao cair da noite. Se partisse ao meio-dia, teria que passar a noite numa pousada ou se acomodar num quarto alugado. Em todo caso, não aproveitaria a caminhada, não poderia parar para desfrutar da vista nem visitar algum conhecido ou amigo ao longo do caminho. Quando encontrou Jesus em Caná, estava cansado e preocupado.

"Procurou-o e suplicou-lhe que fosse curar seu filho, que estava à beira da morte" (João 4:47). Seu pedido foi direto. Urgente. Ele não mencionou seu cargo, sua posição nem seu título. Não prometeu fazer uma contribuição financeira à causa de Cristo. Não deu a entender que era digno de ajuda divina. Ele foi a Cristo como um pai desesperado. *Suplicou* a Jesus que fosse a Cafarnaum. Imagino o homem de joelhos, talvez com o rosto no chão, implorando para que Jesus retornasse com ele e curasse seu filho. Ele não tinha só um pedido; ele tinha também um plano de ação. Imaginava que os dois caminhariam lado a lado de Caná a Cafarnaum até ficarem ao lado do garoto moribundo.

A resposta de Cristo nos surpreende: "Se vocês não virem sinais e maravilhas, nunca crerão" (João 4:48).

Por essa eu não esperava. E você? Jesus acaba de realizar seu primeiro milagre no Evangelho de João, e já o ouvimos dizer: "Cuidado". Ele está alertando contra uma fé contingente, uma fé que diz: *Eu acreditarei se...* ou: *Eu acreditarei quando...*

O que provocou essa reação? A atitude dos aldeões, talvez? Eles tinham percebido a chegada do oficial com seu cortejo. Souberam de seu filho moribundo e do plano de pedir ajuda a Jesus. Eles o seguiram não porque estavam preocupados com o garoto, mas por causa de seu fascínio por milagres. Afinal de contas, estavam em Caná. Nas ruas não falavam de outra coisa senão do milagre que tinha transformado água em vinho. Talvez esperassem ver outra manifestação de poder. "Vamos lá, Cristo", sua presença sugeria. "Mostre-nos do que é capaz".

Ou talvez Jesus reconheceu uma fé contingente no pedido do pai. O homem não só pediu ajuda como também disse a Jesus de que forma a ajuda deveria ser administrada. "Vem para Cafarnaum curar meu filho". Como oficial de alta patente, ele estava acostumado a dar ordens. Ele dizia aos subordinados o que deviam fazer e como deviam fazê-lo. Estaria agindo da mesma forma com Jesus? Sua fé em Cristo dependia da disposição de Cristo de responder à sua oração de uma maneira específica?

Qualquer que tenha sido a razão, Cristo sentiu que um alerta era necessário. Em seu primeiro milagre, Jesus recompensou a fé incondicional de Maria. Nesse milagre, ele alertou contra a fé condicional do povo. Fé contingente é a fé do giz de calçada: é linda quando o sol brilha, mas é levada pela água quando a chuva vem.

O pai não respondeu ao alerta. Seu coração estava a dezenas de quilômetros dali. Ele não se importou com o fato de que algumas pessoas exigiam milagres; ele simplesmente queria permanecer focado na tarefa à mão. "O oficial do rei disse: 'Senhor, vem, antes que o meu filho morra'" (João 4:49).

Seu apelo dificilmente poderia ter sido mais genuíno. Sua instrução dificilmente poderia ter sido mais clara: "Vem!".

E Jesus reagiu a isso. "Jesus respondeu: 'Pode ir. O seu filho continuará vivo'" (v. 50).

Que notícia boa! Ou não? Jesus respondeu à oração do homem — ou não? O nobre tinha razão para regozijar-se, mas talvez não. O homem pediu que Jesus o acompanhasse até Cafarnaum. Mas Jesus lhe disse: "Pode ir. O seu filho continuará vivo".

Esse era o momento da verdade para o pai, o momento em que ele partiu em sua jornada mais longa. A oração tinha sido feita em Caná. A oração seria respondida em Cafarnaum? Ele não sabia. Teve que tomar uma decisão.

Talvez o nobre tenha dado meia-volta sem pestanejar e flutuado para casa no tapete mágico da fé. Talvez tenha gritado a todos por quem passava: "Meu filho moribundo viverá!". Talvez tenha dormido feito um bebê naquela noite e acordado cheio de alegria na manhã seguinte. O sol estava brilhando, o céu estava azul, e ele pulou e assobiou até chegar a Cafarnaum.

Se esse foi o caso, ele era um homem melhor do que eu sou. Eu teria engolido seco ao ouvir a resposta de Jesus. Primeiro teria olhado para Cristo; depois, para a estrada. Primeiro para um lado, depois para o outro. "Tens certeza, Jesus? Não podes vir comigo, Jesus? Minha esposa é uma ótima cozinheira. Eu disse para ela que te traria comigo. Por favor, vem comigo!"

E se ele chegasse a Cafarnaum e o filho não tivesse melhorado? E se o Messias tivesse ido para outra cidade antes que ele pudesse encontrá-lo de novo? Ele fez sua escolha. "O homem confiou na palavra de Jesus e partiu" (João 4:50). Ele acreditou na palavra de Cristo.

> Estando ele ainda a caminho, seus servos vieram ao seu encontro com notícias de que o menino estava vivo. Quando perguntou a que horas o seu filho tinha melhorado, eles lhe disseram: "A febre o deixou ontem, à uma hora da tarde". Então o pai percebeu que aquela fora exatamente a hora em que Jesus lhe dissera: "O seu filho continuará vivo". Assim, creram ele e todos os de sua casa. Esse foi o segundo sinal miraculoso que Jesus realizou, depois que veio da Judeia para a Galileia. (vs. 51-54)

O pai reagiu com uma boa pergunta à boa notícia dos servos: A que horas ele melhorou? Resposta: À uma hora. No momento exato em que Jesus tinha falado. Jesus tinha realizado uma cura à longa distância. O milagre não consistia somente na vida do garoto, mas também na fé salvadora de todo um lar. Não era isso que Jesus desejava? A cura física era um presente indizível, com certeza. Mas, em algum momento, o garoto morreu. Não conheço nenhuma pessoa de 2 mil anos da Galileia. O milagre doador de vida de Jesus era um milagre em curto prazo.

O milagre doador de fé era eterno. A casa inteira acreditou em Jesus. Essa fé resultou em vida eterna.

E quanto a você? Você se encontra em algum lugar entre Caná e Cafarnaum? Como o oficial, você também fez uma oração sincera. Suplicou pela ajuda de Jesus. E, como o oficial, também não recebeu a resposta da maneira como queria. Consequentemente, aqui está você, evocando todas as suas forças para colocar um pé na frente do outro, trilhando o caminho da obediência. Esse é o problema da oração ainda não respondida. Ou da oração não respondida do jeito que eu queria. Quando pedimos o plano A e Cristo responde com o plano B, como devemos reagir? Como encontramos a força para fazer em nossa vida o que Bill Irwin fez nos Apalaches? Como caminhamos por fé quando não conseguimos ainda enxergar a solução?

Posso abordar esse tema de forma suave? Antes de sugerir uma resposta, posso dizer-lhe que sinto muito por termos que discutir essa pergunta? Sinto muito por você ter uma oração que ainda precisa ser respondida. Sinto muito por aquele emprego que não se concretizou, pelo cônjuge que não pediu perdão ou pelo câncer que criou metástases. Sinto muito por você se encontrar entre Caná e Cafarnaum. A vida tem sua porção de momentos sombrios e frios.

E Cristo não removerá toda a dor deste lado do céu. Alguém lhe disse outra coisa? Alguém lhe garantiu que Deus só permitiria céu azul, arco-íris e raios de sol? Essa pessoa se enganou. Leia a Bíblia desde o sumário no início até os mapas no fim e você não encontrará nenhuma promessa de uma vida sem dor. No entanto, você encontrará esta garantia: "Nunca o deixarei, nunca o abandonarei" (Hebreus 13:5).

Quando o pai chegou a Cafarnaum, fez esta descoberta maravilhosa: a presença e o poder de Jesus tinham ido à frente dele. Ele pode ter pensado que estava caminhando sozinho naquela estrada. Pelo contrário. De modo sobrenatural, Cristo tinha ido até a residência do nobre e não só curado o filho, mas também conquistado o coração de todos os membros daquela casa.

A oração do pai foi respondida? Em todos os sentidos. Ela foi respondida de uma maneira muito melhor do que ele tinha pedido. A sua também será respondida. Talvez a resposta venha ainda deste lado do céu. Talvez ela o aguarde do outro lado. Em todo caso, essa história encoraja você e eu a continuarmos andando e crendo em nosso Deus, que é nosso "auxílio sempre presente em adversidade" (Salmos 46:1). Você não ama essa expressão?

Sempre presente. Não ajuda ocasional ou esporádica. Nunca o farão esperar ou pedirão que você ligue mais tarde. Ele nunca está ocupado demais, preocupado demais ou ausente por causa de alguma outra missão. Deus é...

Sempre *presente*. Tão próximo quanto seu próximo suspiro. Mais perto do que sua própria pele. "Para onde poderia eu escapar do teu Espírito? Para onde poderia fugir da tua presença? Se eu subir aos céus, lá estás; se eu fizer a minha cama na sepultura, também lá estás" (Salmos 139:7-8).

Clínica de reabilitação? Ele está la. Cela de prisão? Ele está presente. Nenhuma sala de diretoria é alta demais. Nenhum bordel é vulgar demais. Nenhum palácio é real demais. Nenhuma cabana é comum demais. "Ele não está longe de cada um de nós" (Atos 17:27). Ele está presente. E ele está presente para...

Ajudar. Não para machucar, prejudicar ou impedir. Ele está aqui para ajudar. Essa é a mensagem desse milagre.

Seus dias se parecem com a trilha dos Apalaches no mais profundo inverno? Tudo que você consegue fazer é colocar um pé na frente do outro? Se esse for o caso, eu o encorajo a perseverar! Persevere! Não desista. A ajuda está aqui. Ela pode não vir do jeito que você pediu ou tão rápido quanto você deseja, mas virá. Suponha que algo bom acontecerá. A porta para o amanhã foi destrancada por dentro. Gire a maçaneta e saia.

Alguns anos atrás, minha esposa e eu estávamos aproveitando um jantar na residência rural de Gerald Jones, no Texas. Talvez você não reconheça o nome Gerald Jones, mas é possível que tenha ouvido seu nome profissional: G. Harvey. Ele era um dos melhores artistas nos Estados Unidos. Sua casa era o sonho de qualquer colecionador de obras de G. Harvey. Paredes após paredes cheias de pinturas originais. Quadro após quadro de perfeições.

Atrás da casa ficava seu ateliê, uma oficina cheia de pinturas inacabadas. Telas parcialmente pintadas. Pessoas sem cabeça. Montanhas sem pico. Não sou nenhum conhecedor de arte, mas até eu sabia que não devia apontar esses fatos para o artista. Como teria sido ignorante da minha parte dizer: "Ei, Gerald, ainda falta metade dessa árvore". Ou: "Você esqueceu de pintar as patas desse cavalo".

O artista ainda não tinha terminado.

O Artista Divino também não terminou ainda. A terra é seu ateliê. Cada pessoa na terra é um de seus projetos. Cada evento na terra faz parte de seu grande mural. Ele não terminou. "Estou convencido de que aquele que começou boa obra em vocês, vai completá-la até o dia de Cristo Jesus" (Filipenses 1:6). Esta vida contém muitas jornadas de Caná até Cafarnaum, viagens entre orações feitas e orações respondidas. Jesus prometeu ao pai do menino uma bênção certa no fim da jornada. Ele nos promete a mesma coisa.

Encontraremos esse pai quando chegarmos ao céu. Quando chegarmos, eu perguntarei a ele sobre aquela caminhada. Quero ouvir como se sentiu, saber o que pensou. Mas, acima de tudo, quero agradecê-lo por inspirar este versículo: "O homem confiou na palavra de Jesus e partiu" (João 4:50).

Faça o mesmo. Aponte sua bússola para a estrela polar da promessa de Deus e coloque um pé cansado na frente do outro. Jesus falou. Permita que sua palavra faça o que pretende fazer: levá-lo para casa.

E inquietarmos esse pai quando chegarmos ao céu. Quando chegarmos, eu perguntarei a ele sobre aquela caminhada. Quero ouvir como se sente, saber o que pensou. Mas, acima de tudo, quero agradecer-lo por inspirar este versículo: "O homem confiou na palavra de Jesus e partiu." (João 4.50).

Faça o mesmo. Aponte sua bússola para a estrela polar da promessa de Deus e coloque um pé passado na frente do outro. Jesus falou. Permita que sua palavra faça o que pretende fazer: levá-lo para casa.

— CAPÍTULO 4 —

Levante-se, pegue a sua maca e ande

A ideia de Timothy Cipriani era simples. Ele desceria ao interior da pizzaria pelo tubo de ventilação, roubaria a caixa registradora e sairia por onde entrou. O plano deu errado. Ou ele andava comendo pizzas demais ou o tubo de ventilação era estreito demais, pois Timothy ficou preso. Ficou pendurado sobre uma fritadeira, suas pernas balançando no ar, gritando por ajuda. A polícia levou trinta minutos para tirá-lo dali.

É terrível ficar preso. Pergunte às 18 pessoas que foram passear na montanha-russa em Anhui, na China. Um vento forte no parque de diversão interrompeu o passeio no topo do *loop* e 18 passageiros ficaram suspensos de cabeça para baixo por meia hora! Todos foram resgatados, mas seis precisaram ser levados ao hospital. Como se diz "Estou prestes a vomitar" em mandarim?

E como o povo da província de Jiangsu diz: "Isso fede!"? Essa foi a opinião do homem que deixou seu celular cair dentro da privada. Os bombeiros o encontraram debruçado sobre o vaso sanitário, seu braço imerso até o ombro. Tiveram que quebrar o vaso de cerâmica para libertá-lo.[1] Espero que a ligação tenha valido a pena.

É provável que você nunca tenha ficado preso num tubo de ventilação, numa montanha-russa ou num vaso, mas certamente já ficou entre a cruz e a espada, incapaz de escapar. Afundado na lama do ressentimento, esmagado por dívidas, preso no beco sem saída de sua carreira, preso no pântano de um conflito sem solução. Preso. Preso com pais que não querem ouvir ou com funcionários que não querem mudar. Preso a um chefe duro ou a um vício teimoso. Preso.

O homem junto ao tanque de Betesda não usou a palavra *preso*, mas poderia ter usado. Durante 38 anos ele estava à beira de um tanque — só ele, sua esteira e seu corpo paralisado. Já que ninguém lhe ajudava, a ajuda nunca veio.

Ele estava séria e inegavelmente preso.

Algum tempo depois, Jesus subiu a Jerusalém para uma festa dos judeus. Há em Jerusalém, perto da porta das Ovelhas, um tanque que, em aramaico, é chamado Betesda, tendo cinco entradas em volta. Ali costumava ficar grande número de pessoas doentes e inválidas: cegos, mancos e paralíticos. Eles esperavam um movimento nas águas. De vez em quando descia um anjo do Senhor e agitava as águas. O primeiro que entrasse no tanque, depois de agitada as águas, era curado de qualquer doença que tivesse. Um dos que estavam ali era paralítico fazia trinta e oito anos. (João 5:1-5)

A vista deve ter sido lamentável: multidões de pessoas — cegas, coxas, deprimidas, abatidas, uma após a outra — aguardando sua chance de se lançar no tanque quando as águas curadoras se mexiam.[2]

O tanque era grande: 120 metros de comprimento, 50 metros de largura e 15 metros de profundidade.[3] Cinco portais haviam sido construídos para proteger os enfermos do sol. Como soldados feridos num campo de batalha, os fracos e doentes se reuniam perto do tanque.

Vemos cenas assim ainda hoje. Os refugiados subnutridos nos campos na Síria. Os doentes nas ruas de Bangladesh. Os órfãos ignorados da

China. Indigentes sem assistência, imigrantes indesejados — eles ainda se reúnem. No Central Park. No Hospital Metropolitan. No restaurante Joe's Bar and Grill. Qualquer amontoado de multidões caracterizadas por dor e sofrimento. Você consegue imaginá-las?

E o que é ainda mais importante: você consegue imaginar Jesus andando entre elas?

Todas as histórias dos evangelhos sobre ajuda e cura nos convidam a abraçar a maravilhosa promessa: "Jesus ia passando por todas as cidades e povoados, ensinando nas sinagogas, pregando as boas novas do Reino e curando todas as enfermidades e doenças. Ao ver as multidões, teve compaixão delas, porque estavam aflitas e desamparadas, como ovelhas sem pastor" (Mateus 9:35-36).

Jesus se sentia atraído pelos que sofriam, e, naquele dia em especial, ele se sentiu atraído pelo tanque de Betesda. O que ele sentiu quando contemplou o amontoado de infortúnio? O que ele pensou quando ouviu seus apelos? Eles tocaram seu manto enquanto passava por eles? Ele olhou em seus olhos? Era uma visão triste e lamentável. Mas Jesus entrou no meio dela.

Seus olhos caíram sobre o personagem principal desse milagre, um homem que "vivia naquele estado durante tanto tempo". "Jesus lhe perguntou: 'Você quer ser curado?' Disse o paralítico: 'Senhor, não tenho ninguém que me ajude a entrar no tanque quando a água é agitada. Enquanto estou tentando entrar, outro chega antes de mim'" (João 5:5-7).

Que pergunta estranha para fazer a uma pessoa doente: Você gostaria de ficar bem?

Eu tenho visitado enfermos desde 1977. Meu primeiro ministério foi um programa de estágio pastoral que incluía visitas regulares aos hospitais em St. Louis, no Estado de Missouri. Desde aquele dia tenho conversado com centenas, talvez milhares de pessoas doentes: em igrejas, hospitais, abrigos de idosos e casas de repouso. Tenho orado por enxaquecas e sarampo. Tenho ungido com óleo, segurado as mãos de moribundos, sussurrado orações, levantado minha voz, me ajoelhado ao lado de camas, lido as Escrituras e consolado famílias preocupadas. Mas nunca — nem uma única vez — perguntei ao enfermo: "Você quer ser curado?".

Por que Jesus faria essa pergunta? Nossa única dica é a frase: "Quando o viu deitado e soube que ele vivia naquele estado durante tanto tempo [...]" (v. 6). Faltavam dois anos para o homem completar quatro décadas como inválido: 38 anos — quase o tempo que os hebreus passaram no deserto. Foi a duração da condição que levou Cristo a perguntar: "Você quer ser curado?".

Qual foi o tom de voz que Jesus usou? Foi a voz de um pastor compassivo? Ele fez a pergunta com voz trêmula e ternura? Talvez. Mas eu acredito que não. A frase "quando Jesus [...] soube que ele vivia naquele estado durante tanto tempo" me faz duvidar disso. E a resposta do homem me convence.

> Disse o paralítico: "Senhor, não tenho ninguém que me ajude a entrar no tanque quando a água é agitada. Enquanto estou tentando entrar, outro chega antes de mim." (v. 7)

Sério? Não tem *ninguém* que lhe ajude? Outro *sempre* chega antes de você? Em 38 anos você não conseguiu se arrastar até o tanque? Convencer alguém a ajudar você? Trinta e oito anos e nenhum progresso?

Nesse contexto, a pergunta de Cristo assume um tom firme: *Você quer ser curado?* Ou você gosta de estar doente? Você tem algo bom acontecendo aqui. Seu copinho recebe moedas o suficiente para comprar feijão com bacon. Nada mal. Além disso, uma cura atrapalharia. Ser curado significa levantar-se, conseguir um emprego e trabalhar. Continuar com sua vida. Você realmente quer ser curado? Essa foi a pergunta que Cristo fez na época. Essa é a pergunta que Cristo faz a todos nós.

Você quer... ficar sóbrio? Ter dinheiro? Ter educação? Melhorar? Você quer entrar em forma? Superar seu passado? Superar sua criação? Quer ficar mais forte, mais saudável, mais feliz? Você quer ver Betesda pelo retrovisor? Está pronto para um novo dia, um novo caminho? Está pronto para ser liberto?

Ah, aí está. Aí está a palavra. Esse é o descritor.
Liberto.
Removido.
Solto.
Liberto.
Desamarrado.
Liberto.

A vida parece uma prisão quando não faz progressos. Quando você luta contra o mesmo desânimo que enfrentou uma década atrás ou luta contra os mesmos medos que enfrentou um ano atrás. Quando você acorda e vê os mesmos complexos e hábitos. Quando Betesda se torna sua residência fixa. Quando você se sente como se todos chegassem ao tanque antes de você e ninguém lhe oferece ajuda.

Se você se reconhece nisso, então preste atenção na promessa desse milagre. Jesus vê você. Betesda é a sua vida? Outros evitam você por causa disso. Jesus vai até você. Ele tem uma nova versão de você querendo se concretizar. Ele lhe diz o que disse ao homem: "Levante-se! Pegue a sua maca e ande!" (João 5:8).

Levante-se. Faça algo. Aja. Escreva uma carta. Mande seu currículo. Peça ajuda a um conselheiro. Busque ajuda. Seja radical. Levante-se.

Pegue a sua maca. Abandone o passado. Esvazie o armário com as bebidas. Jogue fora os romances baratos. Pare de buscar a companhia de amigos ruins. Largue o namorado como um hábito ruim. Instale filtros contra pornografia em seu celular e computador. Fale com um conselheiro de dívidas.

E *ande*. Amarre as botas e pegue a estrada. Suponha que algo bom acontecerá. Fixe seus olhos num novo destino e comece a caminhar. Libertar-se significa se entusiasmar com a perspectiva de sair para o mundo.

Siga o convite desse milagre: acredite no Jesus que acredita em você. Ele acredita que você é capaz de se levantar, de pegar a sua maca e andar. Você é mais forte do que pensa. "'Porque sou eu que conheço os planos que tenho para vocês', diz o Senhor, 'planos de fazê-los prosperar e não de lhes causar dano, planos de dar-lhes esperança e um futuro'" (Jeremias 29:11). E ele certamente deu um futuro brilhante ao mendigo de Betesda. "Imediatamente o homem ficou curado" (João 5:9). Jesus não fez nada além de falar, e o milagre se realizou.

Ele fez o mesmo por Barbara Snyder em 1981. Ela não andava havia sete anos. No Ensino Médio, ela tinha sido uma ginasta, mas a esclerose múltipla pôs um fim a tudo isso. Ela começou a se chocar contra portas e paredes. Os próximos 16 anos trouxeram uma crise após a outra. Ela perdeu o controle sobre os intestinos e a bexiga. Estava quase cega. Teve que fazer uma traqueostomia, ficou confinada a um leito hospitalar em sua própria casa. Disseram que lhe restavam seis meses de vida. Harold Adolph realizou 25 mil cirurgias em sua carreira. Ele a chamou de "um dos pacientes mais doentes e sem esperança que já vi".

Mas então veio a ordem de Cristo. Um amigo ligou para a estação de rádio cristã Moody Bible e pediu orações pela cura dela. Uns 450 ouvintes escreveram para a igreja dela para dizer que estavam orando.

A tia de Barbara escolheu algumas das cartas e as compartilhou com ela no domingo de Pentecostes de 1981. Enquanto ouvia as cartas, Barbara escutou a voz de um homem atrás dela: "Minha filha, levante-se e ande!". Não havia nenhum homem no quarto. Uma de suas amigas, quando percebeu que Barbara parecia perturbada, tampou o buraco em seu pescoço para que ela pudesse falar. "Deus acaba de me dizer que devo me levantar e andar. Sei que foi ele! Corra e chame minha família. Quero que esteja aqui conosco!"

A família veio. O que aconteceu em seguida foi descrito por um de seus médicos, o dr. Thomas Marshall: "Ela literalmente saltou da cama e removeu o oxigênio. Estava de pé, sustentada por pernas que não a tinham sustentado por anos. Sua visão voltou... e ela conseguiu mexer seus pés e suas mãos".

Naquela noite, Barbara participou de um culto na Wheaton Wesleyan Church. Quando ela desceu pelo corredor central, as pessoas começaram a aplaudir e, então, como que recebendo o sinal do diretor do coro, começaram a cantar "Maravilhosa Graça".[4]

Cristo fez o trabalho. Cristo realizou o milagre. Cristo interveio. Mesmo assim, Barbara precisou acreditar. Ela precisou se levantar e andar.

O mesmo vale para você. O mesmo vale para mim.

Quando apresentei essa mensagem à nossa igreja, um membro da congregação me escreveu uma carta. Ele lembrou do sermão de uma Sexta-Feira Santa em que eu tinha compartilhado a história de uma professora da escola fundamental que instruiu seus alunos a fazer uma lista de todas as coisas que eles não podiam fazer. As listas foram colocadas numa caixa, e a caixa foi enterrada no jardim da escola. Quando enterraram as coisas que não podiam fazer, os alunos estavam livres para se concentrar nas coisas que podiam fazer.

O autor da carta se lembrou daquele sermão. Ele contou que sua esposa tinha morrido de câncer alguns meses antes daquela Sexta-Feira Santa. No fim de semana da Páscoa, o luto estava esmagando-o. Uma das últimas coisas que sua esposa fez foi plantar algumas sementes de papoula em seu jardim. Elas nunca brotaram.

Ele decidiu reutilizar o solo que continha as sementes de papoula. Depois do culto, foi para casa e fez uma lista das coisas que ele não podia fazer. Coisas como "Não posso superar a morte de Janelle", "Não posso voltar a amar nunca mais" e "Não posso encarar meu trabalho". Na manhã de sábado, ele enterrou a lista no solo que continha as sementes. Em sua carta, escreveu: "O peso desapareceu. Tive uma sensação inexplicável de paz/alívio".

Deixarei que ele lhe conte o que aconteceu em seguida.

> Na manhã seguinte, no Domingo de Páscoa, decidi ir até o local em que tinha enterrado minha pequena caixa. Eu pretendia meditar ali e fazer uma pequena oração. Quando me aproximei do local, fiquei perplexo. Lá, balançando na brisa da manhã, havia uma solitária papoula vermelha![5]

Deus ressuscitou a esperança no coração de um viúvo. Ele curou o corpo de Barbara Snyder.

O que Deus fará por você? Não sei dizer. Aqueles que alegam poder predizer um milagre são menos do que honestos. A ajuda de Deus, apesar de estar sempre presente, é sempre específica. Não cabe a nós dizer o que Deus fará. Nosso trabalho é crer que ele fará algo. Simplesmente cabe a nós nos levantar, pegar nossa maca e andar.

Jesus fala sério quando nos dá essa ordem. Quando encontrou o homem recém-curado no templo, ele lhe disse: "Olhe, você está curado. Não volte a pecar, para que algo pior não lhe aconteça" (João 5:14). Entregar-se à inércia é pecado! Estagnar e fazer nada são atitudes consideradas uma ofensa séria.

Chega de Betesda para você. Chega de acordar e de se deitar na mesma bagunça. Deus tirou a marcha neutra da sua transmissão. Ele é o Deus do avanço, o Deus do amanhã. Ele está pronto para escrever um novo capítulo de sua biografia. O homem na história de João tinha esperado 38 anos, mas — que Deus o abençoe — ele não estava disposto a esperar um dia a mais. Ele poderia ter esperado. Para ser honesto, achei que ele esperaria. Quando ouvi sua desculpa, pensei que ele ficaria preso ali para sempre. Mas havia algo na presença de Cristo, na pergunta de Cristo e na ordem de Cristo que o convenceu de que não deveria esperar mais um dia.

Juntemo-nos a ele. Faça esta pergunta ao Senhor: O que eu posso fazer hoje que me levará na direção de um amanhã melhor? Repita essa pergunta até ouvir uma resposta. Quando a ouvir, faça o que ela diz. Levante-se, pegue a sua maca e ande.

que ele esperava. Quando ouvi sua desculpa, pensei que ele havia preparado para sempre. Mas havia algo na presença de Cristo, na pergunta de
Cristo e na ordem de Cristo que o convenceu de que não deveria esperar
mais um dia.

Juntemo-nos a ele. Faça essa pergunta ao Senhor: O que eu posso
fazer hoje que me leve na direção de um amanhã melhor? Repita essa
pergunta até ouvir uma resposta. Quando a ouvir, faça o que ele diz.
Levante-se, pegue a sua maca e ande.

CAPÍTULO 5

Nós podemos resolver isso

A história que estou prestes a compartilhar me qualifica para ser aceito por um grupo populacional que está diminuindo. Muito provavelmente os leitores mais jovens descartarão como hipérbole o que pretendo contar. Ninguém, argumentarão eles, está vivo há tanto tempo. Ninguém, suporão, ainda se lembra daqueles dias. Ninguém, contarão aos seus amigos de *jeans* rasgados cobertos de tatuagens, ainda está vivo e se lembra do dia em que o e-mail apareceu no mundo. Mas, e Deus é minha testemunha, eu estou vivo, eu estava lá e eu me lembro.

A última década do século 20 estava apenas começando. Clinton ainda tinha alguns fios de cabelo escuros. Os carros ainda tinham toca-fitas. E eu me rendi ao equívoco de que e-mails seriam uma mania passageira. Quem, eu disse aos meus amigos, trocaria cartas escritas à mão por cartas eletrônicas?

O que eu não confessei a eles e que estou admitindo publicamente pela primeira vez aqui é que o mundo dos computadores me assustava. Ele me intimidava. Era a cidade de Nova York, e eu era um caipira da fazenda. Era a Quinta Sinfonia de Beethoven, e eu mal conseguia tocar o piano com dois dedos. Era o Oceano Pacífico, e eu era uma pequena ilha. Mesmo assim, fui jogado nele. Numa noite, fui dormir num mundo de *post-its*. Na manhã seguinte, acordei numa sociedade sem papel com a qual os pensadores de vanguarda da nossa equipe da igreja tinham sonhado por meses. "Pense", eles diziam, "mexa o cursor, clique o mouse, e a mensagem é enviada".

Meu analfabetismo em computadores era tão severo, que eu acreditava que um cursor era uma pessoa frequentadora de cursos; um *modem* era algo que tinha saído de moda e um *mouse* era um rato que você pegava numa armadilha. E um monitor? Nós tínhamos um monitor chamado Norman no dormitório da faculdade. Como deveria saber que *interface* era um termo da informática? Me perdoe, mas eu estava intimidado. Eu estava tão conectado quanto uma torradeira numa cozinha *Amish*. Eu não sabia por onde começar, como agir ou o que perguntar. Acho que você pode dizer que tudo aquilo ia além das minhas capacidades.

Você conhece essa sensação. Você conhece o medo paralisante que surge quando a informação é demais para ser absorvida, a mudança é grande demais para ser feita, as decisões são numerosas demais para serem administradas, a tristeza é profunda demais para ser superada, a montanha é alta demais para ser escalada ou a multidão é numerosa demais para ser alimentada.

Pelo menos foi isso que os discípulos disseram a Jesus.

> Algum tempo depois Jesus partiu para a outra margem do mar da Galileia (ou seja, do mar de Tiberíades), e grande multidão continuava a segui-lo, porque vira os sinais miraculosos que ele tinha realizado nos doentes. Então Jesus subiu ao monte e sentou-se com os seus discípulos. Estava próxima a festa judaica da Páscoa. (João 6:1-4)[1]

João nos faz um favor ao mencionar a proximidade da Páscoa. Ele nos dá uma orientação temporal. A Páscoa era uma celebração que acontecia na primavera. O frio de janeiro e fevereiro estava recuando diante de brisas calorosas e das flores de março e abril. Essa é a primeira das três Páscoas mencionadas no evangelho de João. Jesus estava a apenas duas primaveras de sua última Páscoa na Sala Superior.

Para os judeus, a Páscoa era uma estação de possibilidades, uma lembrança alegre do êxodo da escravidão egípcia que despertava o apetite por uma repetição. Será que o milagreiro nazareno traria outra libertação? Poderia ser seu Moisés que os conduziria a uma terra prometida? Eles esperavam que sim. Tinham visto os sinais feitos por ele. Sabiam das curas e dos ensinamentos. Eles o seguiram ao redor do mar da Galileia.

Em algum momento, Jesus percebeu que a multidão não tinha o que comer. Não tinham mais comida em suas bolsas. Não existiam *food trucks* ou supermercados. Essas 15 mil pessoas ou mais (5 mil homens mais mulheres e crianças) estavam com fome.

> Levantando os olhos e vendo uma grande multidão que se aproximava, Jesus disse a Filipe: "Onde compraremos pão para esse povo comer?" Fez essa pergunta apenas para pô-lo à prova, pois já tinha em mente o que ia fazer. Filipe lhe respondeu: "Duzentos denários não comprariam pão suficiente para que cada um recebesse um pedaço!" Outro discípulo, André, irmão de Simão Pedro, tomou a palavra: "Aqui está um rapaz com cinco pães de cevada e dois peixinhos, mas o que é isto para tanta gente?" (vs. 5-9)[2]

Filipe, um sujeito do tipo prático, olhou para o mar de rostos. Ele ouviu os murmúrios, imaginou o barulho dos estômagos vazios e respondeu sem hesitar: "Não temos como enfrentar esse desafio. Não temos dinheiro. Nosso orçamento está apertado. Isso supera nossa capacidade. Há bocas demais e moedas de menos".

Observe a repetição tripla de "tanta gente".

1. A pergunta de Jesus: "Onde comparemos pão para esse povo comer?" (v. 5)
2. A resposta de Filipe: "Duzentos denários não comprariam pão suficiente para que cada um recebesse um pedaço!" (v. 7)
3. A ideia de André para começar com o lanche do garoto: "mas o que é isto [cinco pães e dois peixinhos] para tanta gente?" (v. 9)

Jesus admitiu: "esse povo". Filipe não viu como ajudar "cada um". André teve uma ideia, mas a sugestão se desfez diante de "tanta gente".

Qual é a sua versão de "tanta gente"? Pode ser algo tão banal quanto "tantas fraldas", "tanto dever de casa", "tantos dias longos", ou tão sério quanto "tanta diálise", "tanta depressão" ou "tantas contas".

Seja lá o que for, a demanda supera a oferta, e você se sente tão impotente quanto Filipe e André. Gostaríamos de pensar que os seguidores tivessem respondido com mais fé. Afinal de contas, eles tinham visto água ser transformada em vinho e um coxo andar. Gostaríamos de ver mais garra, mais vitalidade. Mais "Nós não podemos, mas tu podes, Jesus!". Contudo eles e os outros que permaneceram em silêncio não mostraram nada disso. Contaram as pessoas famintas, o dinheiro em seu bolso e a quantidade de pães e peixes. No entanto, não contaram com Cristo. E ele estava bem ali, do lado deles! Ele não poderia estar mais próximo. Podiam ver, ouvir, tocar e talvez até cheirá-lo. Mas nem passou por sua cabeça a ideia de pedir ajuda a ele. Mesmo assim, Jesus entrou em ação imediatamente.

Disse Jesus: "Mandem o povo assentar-se". Havia muita grama naquele lugar, e todos se assentaram. Eram cerca de cinco mil homens. Então Jesus tomou os pães, deu graças e os repartiu entre os que estavam assentados, tanto quanto queriam; e fez o mesmo com os peixes. Depois que todos receberam o suficiente para comer, disse aos seus discípulos:

"Ajuntem os pedaços que sobraram. Que nada seja desperdiçado". Então eles os ajuntaram e encheram doze cestos com os pedaços dos cinco pães de cevada deixados por aqueles que tinham comido. (João 6:10-13)[3]

Eu imagino as pessoas espalhadas pela grama, tão satisfeitas que precisavam de um cochilo. Aqueles que preferiam não dormir se entretinham tirando as migalhas entre os dentes. Muitos arrotos podiam ser ouvidos. Barrigas famintas se transformaram em barrigas felizes. Havia tanta comida, que 12 cestas de restos foram colhidas. (Uma lembrancinha para cada apóstolo incrédulo?)

O desafio impossível de alimentar "tanta gente" se tornou o milagre inesquecível de todas essas pessoas alimentadas. A manchete da *Gazeta da Galileia* proclamava: "Banquete para milhares!" e trazia esta introdução: "Cristo fez o que ninguém imaginava, como já tinha feito no casamento". Não é essa a mensagem principal do evangelho? Aquilo que nós não podemos fazer, Cristo faz! Os problemas que enfrentamos são oportunidades para Cristo provar esse ponto.

Se você vir seus problemas como nada além de transtornos e mágoas, se tornará amargurado e irritado. Mas se vir seus problemas como oportunidades para confiar em Deus e em sua capacidade de multiplicar aquilo que você lhe dá, então até mesmo os menores incidentes adquirem importância. Você está enfrentando 15 mil problemas? Antes de contar seu dinheiro, seu pão ou seus peixes, e antes de desistir, vire a cabeça e olhe para aquele que está ao seu lado! Conte primeiro com Cristo. Ele pode ajudá-lo a fazer o impossível. Basta lhe dar o que você tem e então ver como ele trabalha.

"Jesus tomou os pães" (v. 11). Ele não precisava usá-los. Poderia ter transformado os arbustos em árvores frutíferas. Poderia ter ordenado que o mar da Galileia cuspisse uma abundância de peixes. Ele fez com que maná caísse do céu para os israelitas. Poderia ter feito o mesmo mais uma vez. Em vez disso, decidiu usar a cesta de um garotinho. O que está em sua cesta?

Tudo que você tem é uma oração fraca? Dê isso. Tudo que você tem é uma habilidade insignificante? Use-a. Tudo que você tem é um pedido de desculpas? Faça-o. Tudo que você tem é a força para um passo? Dê esse passo. Não cabe a você nem a mim dizer a Jesus que nossa dádiva é pequena demais. Deus pode tomar uma coisa pequena e fazer uma coisa grande. Deus usou o bebê Moisés para comover o coração da filha de Faraó. Ele usou a memória falha de um ex-condenado para libertar José da prisão e colocá-lo no palácio. Ele usou o estilingue e a pedra de Davi para derrubar o poderoso Golias. Ele usou três pregos e uma cruz para redimir a humanidade.[4] Se Deus pode transformar uma cesta em um banquete com comida de sobra, você não acha que ele pode fazer algo com seus cinco pães e seus dois peixinhos de fé?

Biddy Chambers fez isso. Se ela tivesse desistido, ninguém a teria criticado. Se ela tivesse ido embora, ninguém a teria condenado por isso. A missão que Deus tinha lhe dado era se juntar a seu marido na tarefa de ensinar a Bíblia.

Eles se conheceram em 1908 e se casaram em 1910. Viviam em Londres e sonhavam em fundar uma escola bíblica. Compraram uma casa grande e ofereceram quartos a alunos e missionários que estavam visitando seu país natal. Biddy estava aprendendo estenografia. Cuidadosamente ela transcrevia as palestras de seu marido e as transformava em cursos por correspondência.

Quando irrompeu a Primeira Guerra Mundial, seu marido sentiu o chamado de ministrar aos soldados estacionados no Egito. Ele, Biddy e sua filha de dois anos e meio se mudaram para o Oriente Médio, onde ele assumiu a posição de capelão. Seu ministério continuou. Ele ensinava, ela transcrevia. Ele dava palestras, ela anotava suas mensagens. Era uma parceria perfeita.

Então veio o contratempo. As complicações decorrentes de uma apendicite em seu marido transformaram Biddy em viúva. Ele morreu aos 43 anos. Ela o enterrou no Egito e voltou para Londres para encarar esta pergunta: como podia trabalhar com seu marido se seu marido estava morto? Todos os sonhos de um ministério de ensino teriam que ser abandonados, certo?

Não. Biddy decidiu entregar seus pães e peixes a Deus. Ela transformou as anotações de seu marido em panfletos e os enviou a amigos e conhecidos. Eventualmente, esses textos foram reunidos num livro. *My Utmost for His Highest* [Meu tudo para o seu melhor] foi publicado em 1927.[5]

Ninguém poderia ter previsto o impacto que esse volume teria sobre seus leitores. Os primeiros devotos incluíam Billy Graham, Bill Bright e Henrietta Mears. Bill Wilson e Bob Smith, os fundadores dos Alcoólicos Anônimos, costumavam iniciar as reuniões com leituras de suas páginas. George W. Bush recorreu a ele quando buscava inspiração.[6] Mais de 13 milhões de exemplares do livro foram vendidos, e ele foi traduzido para mais de 35 línguas. O trabalho de Oswald Chambers certamente superou suas maiores esperanças. Mas foi a fé sincera de sua esposa Biddy que fez toda a diferença. Ela deu aquilo que tinha a Jesus e, com isso, Jesus alimentou e alimenta as multidões.

Sigamos o exemplo dela.

Na próxima vez que você se sentir esmagado pelos desafios, lembre-se daquele que está ao seu lado. Você não está sozinho. Você não está desamparado. O que desorienta você não desorienta a ele. Sua escalada é uma descida para ele. Seu problema não deixa Deus perdido. Quando você apresenta suas necessidades a ele, Deus nunca, jamais se vira para os anjos e diz: "Bem, finalmente aconteceu. Me deram um problema que não consigo resolver. A demanda é grande demais, até para mim". Você pode se sentir esmagado pelo tamanho do problema, mas ele não. Dê a ele o que você tem, dê graças e veja o que Deus é capaz de fazer. Sua lista de bênçãos será tão longa, que você terá de comprar um novo disco rígido para o seu computador para poder salvá-la.

CAPÍTULO 6

EU SOU contigo na tempestade

A estação mais tempestuosa da minha vida foi quando eu tinha doze anos. Já tinha idade para jogar beisebol, futebol e andar de bicicleta. Eu já tinha idade para ter uma queda por uma garota, para ter um frasco de água-de-colônia e saber a diferença entre um verbo e um advérbio. Mas eu não tinha idade ainda para processar o que viria ocorrer comigo naquele ano: abuso sexual às mãos de um homem adulto.

Ele entrou na minha vida sob o disfarce de um mentor. Ele se aproximou de várias famílias na nossa pequena cidade. Lembro-me dele como um homem espirituoso, charmoso e generoso. O que eu não sabia — o que ninguém sabia — era que ele estava de olho em garotos.

Ele nos convidava para sua casa com a promessa de hambúrgueres. Ele nos levava para passear em sua picape. Ele nos levava para a caça e caminhadas e oferecia responder todas as perguntas sobre a vida, o amor e as garotas. Ele tinha revistas do tipo que meu pai não permitia. Ele fazia — e nos fazia fazer — coisas que não repetirei e jamais esquecerei.

Um fim de semana em que fomos acampar foi especialmente perverso. Ele colocou cinco de nós em sua picape e nos levou até o acampamento. Entre as barracas e os sacos de dormir estavam algumas garrafas de uísque. Ele bebeu durante todo o fim de semana e passou pela barraca de cada garoto. Mandou que não contássemos nada aos nossos pais, dando a entender que nós éramos os culpados por sua conduta. Fazendo-nos jurar segredo, ele disse que estava nos protegendo de encrenca.

Que canalha.

Voltei para casa na tarde de domingo sentindo-me sujo e envergonhado. Eu tinha perdido o culto de Comunhão na igreja naquela manhã. Se uma vez precisei de Comunhão, foi naquele dia. Assim, encenei minha própria Eucaristia. Esperei meus pais irem para a cama e fui até a cozinha. Não consegui encontrar nenhum biscoito, mas encontrei algumas batatas do almoço. Não consegui encontrar nenhum suco, então usei leite. Coloquei as batatas num pires e o leite num copo e celebrei a crucificação de Cristo e a redenção da minha alma.

Sua imaginação consegue evocar a imagem do garoto de pijama, de cabeça vermelha e cheia de pintas, que acabou de tomar banho, ao lado da pia da cozinha? Ele parte a batata, e toma o leite, e recebe a misericórdia do Salvador. A liturgia que faltava ao sacramento era compensada por ternura. Jesus se encontrou comigo naquele momento. Eu o senti: seu amor, sua presença. Não me pergunte como eu sabia que ele estava ali. Eu simplesmente sabia.[1]

Embora a tempestade fosse severa, meu Senhor estava próximo. E aprendi uma lição da qual nunca me esqueci: Jesus vem no meio da queda d'água.

Todos nós enfrentaremos nossas tempestades. Ninguém passa pela vida ileso. Em determinado momento ou outro, o céu escurecerá, os ventos rugirão e nós nos encontraremos numa versão moderna da tempestade galileia.

> Ao anoitecer seus discípulos desceram para o mar, entraram num barco e começaram a travessia para Cafarnaum. Já estava escuro, e Jesus ainda não tinha ido até onde eles estavam. Soprava um vento forte, e as águas estavam agitadas. (João 6:16-18)

Os seguidores começaram a ficar com medo, pois sabiam que seu barco afundaria. Sua pele estava encharcada; eles estavam roucos de gritar e, seus olhos, arregalados. Olhavam para o céu à procura de algum sinal de alento. Eles se agarravam ao barco com medo das ondas. Gritavam suas orações por socorro. Mas não ouviam nada. Ah! Como queriam que Jesus estivesse com eles no barco. Ah! Se Jesus tivesse lhes ordenado ficar na praia... Mas ele não estava no barco e tinha ordenado que atravessassem o mar (Mateus 14:22). Consequentemente, esse momento apresentava todos os elementos de uma crise.

Os discípulos estavam exaustos. E como não estariam?! Tinham "remado cerca de cinco ou seis quilômetros" (João 6:19). Com a correnteza a seu favor, um barco pode percorrer um quilômetro e meio a cada trinta minutos. Mas contra as ondas e contra o vento? Eles tinham partido ao cair da noite e ainda estavam remando às três da manhã (Marcos 6:48)! Isso não era um passeio de diversão num rio calmo. Era trabalho duro. O barco balançava nas ondas e o terror agitava a alma dos homens. Você deve imaginar que tenham gritado uns aos outros mais de uma vez:

"Não aguento mais!"

"Não sobreviveremos a isso!"

Veja como Mateus descreveu a condição da tempestade: "O barco já estava a considerável distância da terra, fustigado pelas ondas, porque o vento soprava contra ele" (Mateus 14:24). Eles estavam distantes demais da costa, a batalha já tinha durado demais e eram pequenos demais na luta contra as ondas. E nenhum sinal de Jesus. Alguma vez você já enfrentou uma tempestade perigosa, ameaçadora e aparentemente abandonada por Deus?

Distante demais da costa. Distante demais de uma solução.

A batalha já durou demais. Tempo demais no sistema judicial. Tempo demais no hospital. Tempo demais sem um bom amigo.

Pequeno demais na luta contra as ondas. Pequeno demais e solitário demais.

A tempestade controlava os discípulos.

Tempestades podem dominar também a nossa vida. Assim como não temos autoridade sobre as trovoadas da natureza, também não temos autoridade sobre as trovoadas da vida. Você pode querer salvar um casamento, mas você só tem um dos dois votos necessários. Você pode tentar restaurar um filho rebelde, mas não sabe se terá sucesso. Você pode investir numa boa saúde, e mesmo assim enfrentar uma pandemia. As tempestades nos tomam de surpresa. E, às vezes, elas parecem não ter fim.

Mas então acontece o inimaginável. Eles "viram Jesus aproximando-se do barco, andando sobre o mar, e ficaram aterrorizados" (João 6:19).

Às vezes a narrativa bíblica avança rápido demais para nosso gosto. Queremos mais descrições, mais ilustrações, mais explicações. Esse é um desses casos. *Espere um pouco, João. Antes de passar para a próxima frase, descreva esse momento. Pessoas não andam sobre a água. Andam sobre rochas, terra e areia. Mas água? O vento agitava o cabelo de Jesus? Ele estava na água até os tornozelos? Sua roupa estava molhada?* João não nos dá nenhum detalhe; somente esta declaração sucinta: "Eles viram Jesus [...] andando sobre o mar".

Isso é tudo que precisamos saber. Antes de Jesus acalmar a tempestade, ele vem até nós no meio da nossa tempestade. Ele nos diz o mesmo que disse aos discípulos: "Sou eu! Não tenham medo!" (v. 20). A tradução literal é: "Eu Sou; não tenham medo". Eu Sou é o nome de Deus. Se Deus tivesse um cartão de visitas, ele diria: Eu Sou. Desde que Moisés viu a sarça ardente, Deus tem se identificado como "Eu Sou" (Êxodo 3:14). Esse é o título de constância e poder. Quando nos perguntamos se Deus virá, ele responde com seu nome: "Eu Sou!". Quando nos perguntamos se ele é capaz, ele declara: "Eu Sou!". Quando vemos nada além de escuridão, não sentimos nada além de dúvida e nos perguntamos se Deus está próximo ou ciente, a resposta de saudação de Jesus é esta: "Eu Sou!".

Pare por um momento e permita que ele lhe diga seu nome. Sua maior necessidade é a presença dele. Sim, você quer que essa tempestade passe. Sim, você quer que os ventos se acalmem. Mas, sim, sim, sim, você quer saber, precisa saber e deve saber que o grande dia está próximo.

Devemos nos alegrar com a promessa de Isaías 43:

Não tema, pois eu o resgatei; eu o chamei pelo nome; você é meu. Quando você atravessar as águas, eu estarei com você; e quando você atravessar os rios, eles não o encobrirão [...]. Pois eu sou o Senhor, o seu Deus, o Santo de Israel, o seu Salvador [...]. Não tenha medo, pois eu estou com você. (Isaías 43:1-3,5)

Preferimos ser poupados da tempestade. Ou, quando a tempestade vier, queremos que ela seja suave e que nossa libertação seja rápida. Que a rejeição da candidatura leve à matrícula numa faculdade melhor. Que a demissão venha com um pacote de alívio financeiro e a oferta de um emprego melhor. Que o conflito conjugal se transforme em romance.

Às vezes isso acontece. Mas, quando não acontece, quando estamos afundados até o pescoço em turbulências, Jesus quer que saibamos seu nome e o ouçamos dizer: " bem-vindo". Essa foi a experiência dos discípulos. O momento em que receberam Jesus em seu barco foi o momento em que eles alcançaram seu destino. "Então se animaram a recebê-lo no barco, e logo chegaram à praia para a qual se dirigiam" (João 6:21). Siga o exemplo dos discípulos. Receba Jesus em meio a este tempo turbulento. Não permita que a tempestade o faça voltar-se para dentro. Permita que ele o faça voltar-se para o alto.

Em 21 de abril de 2008, Katherine Wolf sofreu um AVC severo. Ela não perdeu sua vida, mas perdeu sua capacidade de andar, de falar com clareza e de cuidar de si mesma. Foi de modelo californiana a uma paciente presa à cadeira de rodas. Suportou 11 cirurgias e lutas diárias para recuperar suas forças. Várias vezes ela quis desistir. Uma dessas ocasiões ocorreu na véspera do Dia de Ações de Graças, sete meses após o início de seu suplício. Ela descreve sua experiência assim:

> O desespero me inundou enquanto olhava Jay [seu marido] e suas irmãs brincando com James [seu bebê], levantando-o para o alto e correndo com ele em círculos, rindo em voz alta, enquanto eu mal conseguia manter a cabeça erguida porque meu pescoço ainda não era forte o bastante.
>
> Eu me peguei pensando: "Deus cometeu um erro? Passei de fazer lasanha em minha pequena cozinha a ser alimentada por tubos em meu estômago. Passei de vestir roupas lindas todos os dias a usar fraldas geriátricas e roupas de hospital. Eu deveria estar no céu agora. Assim, pelo menos a dor de todo mundo teria um fim."

Sua perda dificilmente poderia ter sido mais extrema. De um momento para o outro, seu mundo foi virado de cabeça para baixo. Mas, quando ela começou a perder o ânimo, Deus interveio:

> E então, de repente, antes ainda de esses pensamentos alcançarem minha cabeça e meu coração, eu senti um profundo despertamento da Palavra de Deus, que eu conhecia desde a minha infância. Eu quase pude ouvir a rajada de verdades das Escrituras, como um telegrama do próprio Deus.
>
> *Katherine, você não é um erro. Eu sei melhor do que você. Eu sou Deus, e você não é. Lembre-se de que você foi criada maravilhosamente no ventre da sua mãe...*

Há um propósito nisso tudo...
Confie em mim. Eu estou fazendo para o seu bem.
Não duvide dessa verdade só porque está na escuridão agora.
O que vale na luz vale também na escuridão.
Sei que você não pode lutar contra isso. Não importa. Tudo que você precisa fazer é se aquietar e permitir que eu lute por você. Eu completarei a boa obra que comecei quando lhe dei vida nova. Eu a completarei. Acredite nisso. Minha natureza é redimir, e restaurar, e fortalecer. Essa estação terrível chegará ao fim. Você sofrerá por um tempo e então eu a tirarei disso. Eu a escolhi. Viva uma vida digna desse chamado especial que você recebeu.

Algo sobrenatural ocorreu naqueles momentos em que essas verdades me acertaram em cheio. Deus me encontrou no meio da confusão da minha vida, e eu senti uma determinação renovada de continuar e perseverar. De repente eu me senti extraordinária — a despeito da minha dor terrível. Aquele momento mudou tudo para mim. Foi minha epifania de esperança. Eu soube na profundeza do meu ser que minha "roupa terrena" é apenas temporária. Eu jamais perderia meu coração nessa situação, pois minha alma não era aquilo que estava se desgastando. Meu corpo não funcionava. Só isso.[2]

Não tente enfrentar essa tempestade sozinho. Reme e baldeie a água, mas acima de tudo receba Cristo em sua embarcação que está afundando. Acredite que nunca está sozinho, que nosso Deus que opera milagres o vê, se importa com você e virá ao seu socorro, pois, pelo que você sabe, ele pode realizar uma libertação imediata. Você pode alcançar seu destino antes mesmo de ter a chance de enxugar a chuva em seu rosto.

Ele ainda é o grande Eu Sou. Quando nos encontrarmos no meio do mar da Galileia e a costa não estiver à vista, ele virá até nós. Quando você orar de novo: *Alguém virá para me ajudar?*, ouça a resposta de Jesus: *Eu Sou contigo na tempestade.*

CAPÍTULO 7
Ele dá vista aos cegos

*E*u achava que minha visão era normal. Eu acreditava que meus colegas do quinto ano viam o que eu via quando olhavam para o quadro negro: um monte de linhas borradas. Eu não perguntei se eles conseguiam ver a bola de beisebol quando saía da mão do lançador ou a de futebol quando era chutada pelo jogador. Eu acreditava que eles viam a bola quando eu a via, no último momento, quase sem tempo para pegá-la.

Eu tinha uma vista fraca. Mas eu não sabia. Eu não conhecia outra coisa. Então minha professora chamou minha mãe. Minha mãe chamou o oftalmologista. O oftalmologista pediu que eu lesse algumas letras num cartaz. Então me entregaram meus primeiros óculos. Que coisa! De um momento para o outro, as linhas borradas se tornaram claras. A bola de beisebol ficou grande; a do futebol pôde ser pega. Ainda me lembro da excitação da visão repentina. Eu ficava na sala de aula da senhora Collins levantando e baixando meus óculos, passando de imagens distorcidas para rostos vívidos. De repente, eu conseguia ver.

Cristãos falam assim. Nós também refletimos sobre a alegria da visão repentina. Adoramos cantar as palavras do antigo hino "Maravilhosa graça!": "Mui perdido andava, mas me encontrei, era cego até que Jesus enxerguei".[1] Cego. Cego quanto ao propósito da vida. Cego quanto à promessa da vida eterna. Cego quanto ao provedor da vida. Mas agora nossa visão foi restaurada. Nós nos identificamos com as palavras do mendigo que era cego: "Eu era cego e agora vejo" (João 9:25).

A história dele é a nossa história. Talvez seja por isso que João tinha tanta pressa para contá-la. Até então, ele tinha preferido a concisão. Precisou de apenas 12 versículos para descrever como a água se transformou em vinho. A cura no tanque de Betesda precisou de 15 versículos. Em 14 versículos a multidão foi alimentada, e bastaram seis para o Salvador andar sobre a água. Mas, quando João colocou a caneta no papiro para descrever a história do homem cego que recebeu visão, o apóstolo não se apressou. Ele dedicou 41 versículos inteiros para descrever como Jesus o encontrou, curou e amadureceu.

Por quê? Uma das explicações é esta: o que Jesus fez fisicamente com o mendigo cego é aquilo que ele deseja fazer espiritualmente com todas as pessoas: restaurar nossa visão.

Do ponto de vista do céu, a nossa terra é habitada por pessoas sem visão. Cegadas pela ambição. Cegadas pelo orgulho. Cegadas pelo sucesso. "Porque vendo, eles não veem" (Mateus 13:13). Eles não veem o sentido da vida nem o amor de Deus. Como, senão assim, podemos explicar a confusão e o caos no mundo? Como, senão assim, explicamos a ameaça constante de uma guerra mundial, de pragas de fome e o holocausto dos nascituros? Como, senão assim, explicamos a taxa crescente de suicídios[2] e de dependentes químicos?[3] Temos aviões mais rápidos, telefones mais inteligentes e inteligência artificial; mesmo assim matamos uns aos outros com armas e a nós mesmos com drogas.

Bilhões de pessoas simplesmente não enxergam. "O deus desta era cegou o entendimento dos descrentes, para que não vejam a luz do evangelho da glória de Cristo, que é a imagem de Deus" (2Coríntios 4:4). Precisamos de um oftalmologista espiritual. Precisamos que Jesus faça por nós aquilo que ele fez pelo homem à margem da estrada de Jerusalém.

ELE DÁ VISTA AOS CEGOS

"Ao passar, Jesus viu um cego de nascença" (João 9:1). Ninguém mais o viu. Os seguidores de Jesus podem ter observado o cego. Ele pode ter entrado em seu campo de visão. Mas eles não o *viram*.

Os discípulos viram apenas um caso de estudo teológico. "Seus discípulos lhe perguntaram: 'Mestre, quem pecou: este homem ou seus pais, para que ele nascesse cego?'" (v. 2). Para eles, o cego fornecia uma oportunidade de falar sobre filosofia espiritual. Eles não viram um ser humano. Viram um tema de discussão.

Jesus, por sua vez, viu um homem que era cego de nascença, um homem que nunca tinha visto o Sol nascer, que não sabia distinguir entre roxo e rosa. Ele vivia num mundo escuro. Outros homens de sua idade aprendiam uma profissão; ele ficava sentado à beira da estrada. Outros tinham uma renda; ele mendigava. Outros tinham motivos de esperança; ele tinha razões para se desesperar.

Então Jesus o *viu*.

E Jesus vê você. A primeira lição desse evento é bem-vinda. Você e eu não somos invisíveis. Não somos ignorados. Não somos dispensados. Podemos nos sentir como um mendigo anônimo nas multidões da sociedade, mas essa história — e dezenas de outras semelhantes — nos garante que Jesus nos vê à beira da estrada. Ele toma a iniciativa. Ele dá o primeiro passo.

> Disse Jesus: "Nem ele nem seus pais pecaram, mas isto aconteceu para que a obra de Deus se manifestasse na vida dele. Enquanto é dia, precisamos realizar a obra daquele que me enviou. A noite se aproxima, quando ninguém pode trabalhar. Enquanto estou no mundo, sou a luz do mundo". Tendo dito isso, ele cuspiu no chão, misturou terra com saliva e aplicou-a aos olhos do homem. (João 9:3-6)

Aí está algo que você não esperava ler na Bíblia: Jesus cuspindo. Uma oração pareceria mais apropriada. Talvez um "aleluia!". Mas quem esperava ouvir Jesus pigarrear? Uma cuspida celestial na poeira? O Deus que enviou o maná e fogo cuspiu saliva. Com a mesma tranquilidade com que um pintor tampa um buraco na parede, Jesus passou lama milagrosa nos olhos do homem.

É claro, se pudéssemos escolher, preferiríamos que Deus restaurasse nossa vista com algo mais agradável do que lama em nossos olhos. Talvez com a libertação de um bando de pombos ou um lindo arco-íris. Para não deixar dúvidas: Deus nos concede esse tipo de bênçãos. Outras vezes ele usa coisas menos do que agradáveis. Ele inicia o milagre por meio de "momentos de lama": demissões, decepções e surtos de solidão.

Eu posso testificar esse processo desagradável de restauração de visão. Denalyn e eu nos mudamos para o Brasil em 1983. Ela tinha 28 anos, eu tinha 30. Éramos novos no ministério e vibrávamos de fervor missionário. Fomos chamados para plantar uma igreja, uma igreja grande. Imaginávamos milhares de convertidos e décadas de serviço. Éramos ingênuos. A saudade de casa se deitou sobre nós como uma nuvem. Eu tive dificuldades de aprender a língua. Banhistas seminus na praia de Copacabana deram um novo sentido à expressão "choque cultural". Os brasileiros eram gentis, mas pouco interessados no ministério de gringos iniciantes cujo uso do pretérito perfeito era menos do que imperfeito.

Semanas. Meses. Um ano. Dois anos. Nenhum crescimento em nossa igreja e, depois, crescimento lento. Nossa equipe de missionários discutia e lutava por estratégias e direção. Comprar um prédio? Iniciar um programa de rádio? Pregação nas ruas? Finalmente, uma conquista. Um colega sentiu que não estávamos pregando o evangelho. (E como poderíamos?) Ele nos incentivou a nos reunirmos com Bíblias e corações abertos para identificarmos o núcleo das boas-novas. Foi o que fizemos. Durante várias tardes de segunda consecutivas, lemos e relemos as Escrituras. Não posso falar pela equipe toda, mas eu comecei a ver claramente. A grande notícia da Bíblia? A mensagem que merecia um *outdoor*? Que Jesus morreu por meus pecados e ressuscitou do túmulo. Nada mais. Nada menos. Era como se alguém tivesse ajustado a lente do telescópio e eu pudesse ver. Vividamente. Claramente. Era como se escamas tivessem caído dos meus olhos.

Começamos a nos concentrar na mensagem do evangelho, e a nossa pequena igreja começou a crescer. E mais: nós começamos a crescer. Crescemos em graça, amor e esperança. Durante aquela estação, escrevi um livro chamado *Por isso o chamam Salvador*. Ainda hoje, mais de três décadas depois, é um dos meus livros mais vendidos. Não é nada mais do que as "revelações" diárias que Jesus estava me dando. E tudo começou com longos surtos de medo, frustração e fracasso.

Você consegue se identificar? Se sua resposta for "sim", não suponha que Jesus está ausente ou que ele ignora sua luta. Pelo contrário. Ele a está usando para se revelar a você. Ele quer que você o veja! Era esse o caso do homem cego.

Jesus disse ao homem cego: "'Vá lavar-se no tanque de Siloé' (que significa Enviado)" (João 9:7). A água de Siloé era "enviada" de uma fonte subterrânea. João está passando uma mensagem sutil. Ele já se referiu a Jesus como tendo sido enviado pelo Pai vinte vezes até aqui em seu evangelho.[4] Para enxergarmos, nós vamos até nosso Siloé, o "Enviado" do céu, o próprio Jesus.

O acesso a Siloé envolvia a descida por três escadas esculpidas em pedra, cada uma tendo cinco degraus.[5] Isso não era um passeio para qualquer um, muito menos para um cego. Ele se inclinou sobre o tanque e começou a jogar água em seu rosto e a lavar os olhos. Enquanto fazia isso, viu os círculos na água e a luz do sol cintilar na superfície do tanque. Ele viu como seus dedos se abriam e fechavam. Mais um pouco de água, e ele conseguiu ver formas de pessoas ao seu lado. De um momento para o outro, conseguiu enxergar.

Muitas vezes perguntam: "O que uma pessoa precisa saber para se tornar seguidora de Cristo?". Essa história fornece a resposta. O homem não sabia nada sobre o nascimento virginal ou as bem-aventuranças. Ele conhecia o custo do discipulado ou o significado do Espírito Santo? Não. Ele só sabia disto: um homem chamado Jesus fez argila, colocou-a em seus olhos e o instruiu a se lavar. Ele recebeu visão não porque merecia, porque a conquistou ou a encontrou. Ele recebeu visão porque confiou e obedeceu àquele que tinha sido enviado para "abrir os olhos aos cegos" (Isaías 42:7).

Nada mudou. Jesus ainda encontra pessoas cegas e restaura sua visão. Ele prometeu, por meio de seu ministério, dar "vista aos cegos" (Lucas 4:18). O apóstolo Paulo foi enviado aos gentios "para abrir-lhes os olhos e convertê-los das trevas para a luz, e do poder de Satanás para Deus" (Atos 26:18). Cristo veio para dar luz e visão.

Contemple o que Jesus está fazendo no mundo muçulmano. "Mais muçulmanos têm se tornado cristãos nas últimas décadas do que nos 1.400 anos anteriores desde Maomé",[6] e "mais ou menos um em cada cristão de origem muçulmana teve um sonho ou uma visão antes de sua experiência de salvação".[7]

Para o seu livro *The Case for Miracles* [Em defesa de milagres], o autor Lee Strobel entrevistou Tom Doyle, um especialista em sonhos e visões contemporâneos vivenciados por muçulmanos. Doyle descreveu um fenômeno: pessoa após pessoa vendo a mesma imagem — Jesus em vestes brancas, dizendo-lhes que ele as ama, que morreu por elas, incentivando-as a segui-lo. Isso tem acontecido na Síria, no Irã e no Iraque. Tem acontecido tantas vezes no Egito, que grupos de cristãos colocaram anúncios nos jornais. O anúncio perguntava: "Você tem visto um homem em vestes brancas em seus sonhos? Ele tem uma mensagem para você.

Ligue para este número".⁸ Doyle explica que 50% de muçulmanos no mundo inteiro não sabem ler, por isso Jesus fala com eles por meio de sonhos e visões; 86% não conhecem um cristão, por isso Jesus vai direto ao seu encontro.⁹

Jesus vai em busca dos espiritualmente cegos. Eles habitam cada beco de cada canto deste mundo. Ele os encontra. E ele os toca. Ele pode usar uma visão, ou a bondade de um amigo, ou a mensagem de um sermão, ou o esplendor da criação. Mas acredite nisto: ele veio para trazer visão aos cegos.

Essa tarefa é reservada para Jesus. O Antigo Testamento não contém nenhuma história da cura de um cego. O Novo Testamento contém muitas, mas todas, com exceção de uma, foram realizadas por Jesus. É como se Jesus reservasse para si mesmo o milagre da restauração da vista.¹⁰

Se você conhece o resto da história do homem anteriormente cego, sabe que ele enfrentou resistência a cada passo. Seus vizinhos não acreditaram nele. Os líderes religiosos o excomungaram e seus pais se recusaram a defendê-lo (João 9:8-9, 20-21,34). O coitado passou de *ver nada* para *ver nada além de resistência*. Ele não era o único cego em Jerusalém. Os líderes religiosos exigiram uma explicação dele.

> Então lhe perguntaram: "O que ele lhe fez? Como lhe abriu os olhos?" Ele respondeu: "Eu já lhes disse, e vocês não me deram ouvidos. Por que querem ouvir outra vez? Acaso vocês também querem ser discípulos dele?" Então o insultaram e disseram: "Discípulo dele é você! Nós somos discípulos de Moisés! Sabemos que Deus falou a Moisés, mas, quanto a esse, nem sabemos de onde ele vem". (João 9:26-29)

Os líderes eram tão abertos quanto o cofre trancado de um banco. Havia ocorrido um milagre, mas eles procuraram conhecer aquele que o tinha realizado? O milagre não deveria pelo menos ter suscitado alguma curiosidade? Um motivo para pensar? Eles viam nada além de si mesmos e de sua religião. Quem eram os cegos nessa história?

Charles Spurgeon disse: "Não é a nossa falta de tamanho que impede Cristo; é o nosso excesso de tamanho. Não é a nossa fraqueza que impede Cristo; é a nossa força. Não é a nossa escuridão que impede Cristo; é a nossa suposta luz que detém sua mão".[11]

E já que os líderes se recusaram a ver, eles "o expulsaram" (João 9:34). O homem anteriormente cego foi expulso do templo sem ninguém que o defendesse. "Jesus ouviu que o haviam expulsado" e foi "encontrá-lo" (v. 35). Cristo não deixaria o homem desprotegido. E você pode esperar que ele faça o mesmo por você. Se crê nele, ele jurou o seguinte a você: "Ninguém poderá arrancar [você] da minha mão" (João 10:28).

Outros podem renegar você. Sua família pode rejeitar você. O sistema religioso pode expulsar você. Mas Jesus? Ele encontrará você. Ele guiará você.

> Jesus ouviu que o haviam expulsado, e, ao encontrá-lo, disse: "Você crê no Filho do homem?"
> Perguntou o homem: "Quem é ele, Senhor, para que eu nele creia?"
> Disse Jesus: "Você já o tem visto. É aquele que está falando com você".
> Então o homem disse: "Senhor, eu creio". E o adorou. (João 9:35-38)

A história começa com um homem cego que é visto por Cristo. Ela termina com um homem que era cego e agora adora Cristo. Não é esse o desejo de Cristo para todos nós? Sem Cristo somos cegos. Não enxergamos nosso propósito. Não vemos o futuro. Não conseguimos ver a saída dos problemas e da dor. Não conseguimos ver Jesus. Mas ele nos vê, da cabeça aos pés. Ele sabe tudo sobre nós.

Quando eu estava no quinto ano, o oftalmologista fez um exame de vista comigo. Se Deus examinasse sua visão espiritual, você passaria pelo teste? Você consegue ver o sentido da vida? Você tem uma visão da eternidade? Acima de tudo, você consegue enxergar o grande amor de Deus por você? A mão que você sente em seu rosto é a mão dele. A voz que você ouve pertence a ele. Não é vontade dele que tateemos cegamente pela vida. Ele quer que saibamos por que estamos na terra e para onde estamos indo. Nossa visão importa a Jesus. Ele fará tudo que for necessário para nos ajudar a ver como devemos ver.

CAPÍTULO 8

A voz que esvazia túmulos

Passei um ano inteiro num cemitério num único fim de semana. Cheguei numa sexta e parti num domingo, e os três dias entre chegada e partida pareceram 12 meses. A visita ao cemitério tinha sido ideia do meu grande amigo. Ele tinha 19 anos e estava em seu primeiro ano de faculdade. Eu tinha 16 anos e cursava o Ensino Médio. Ele tinha trocado o povoado da nossa criação pela metrópole pulsante de Lubbock, no Texas, lar para 100 mil residentes, a Texas Tech University, o Lubbock Christian College e a casa funerária e o cemitério Resthaven.

O diretor da casa funerária costumava contratar alunos da faculdade como zeladores para as horas vagas. Em troca de algumas patrulhas noturnas, Dee recebia um salário mínimo, uma lanterna, um apartamento no primeiro andar ao lado da sala dos caixões e um lugar no qual podia receber sua namorada. Só que ela se recusava a colocar o pé na propriedade. Então, ele me chamou. (Quão entediado você precisa estar para convidar seu irmãozinho para passar um fim de semana com você?)

Parecia divertido, até eu chegar lá. Então vi os carros funerários pretos estacionados na rua. Vi lápides no depósito e caixões à venda na sala de caixões. Vi o armário em que os coveiros guardavam suas ferramentas e a placa na porta, que dizia "Embalsamento". Dee achava o lugar bem legal. Eu o achava assustador. Cheguei numa sexta e já queria sair dali às cinco e quinze da tarde. Creio que você já tenha percebido que uma casa funerária não é um lar de verdade. Embora o capim esteja sempre cortado, embora as instalações sejam bonitas, quem se detém, se demora ou vive num cemitério? A placa pode dizer "Descanso Eterno" ou "Paz no Vale", mas buscamos descanso e paz em outro lugar. Vamos para o cemitério para prestar homenagem e dar adeus. Mas fazer piquenique, jogar bola ou *frisbee*? Jamais. Damos o fora o mais cedo possível.

Cada lápide nos lembra: a vida nada mais é do que um traço entre duas datas. Cada enterro nos diz: nossa hora está chegando. Fazemos de tudo para adiar nosso encontro com o túmulo. Fazemos mais exercícios físicos, nos alimentamos de forma um pouco mais saudável, compramos cremes para as rugas ou vitaminas para o corpo. Mas, no fim, há um fim... para esta vida.

Puxa, Max, obrigado pelo lembrete. Suas palavras são exatamente o que faltava para me animar.

Você está certo. Não falamos sobre cemitérios para alegrar nosso dia. Cemitérios não são conhecidos por serem fontes de inspiração. Mas encontramos uma exceção num cemitério perto de Betânia. E essa exceção é excepcional.

> Havia um homem chamado Lázaro. Ele era de Betânia, do povoado de Maria e de sua irmã Marta. E aconteceu que Lázaro ficou doente. Maria, sua irmã, era a mesma que derramara perfume sobre o Senhor e lhe enxugara os pés com os cabelos. Então as irmãs de Lázaro mandaram dizer a Jesus: "Senhor, aquele a quem amas está doente". (João 11:1-3)

João conferiu peso de realidade a estas palavras de abertura: "Havia um homem chamado Lázaro que ficou doente". O seu diário talvez contenha uma declaração semelhante: "Havia uma mulher chamada Judy que estava cansada". "Havia um pai chamado Tom que estava confuso". "Havia uma adolescente chamada Sophia que estava triste".

Lázaro era uma pessoa real com um problema real. Ele estava doente; seu corpo doía; sua febre ardia; seu estômago se revirava. Mas ele tinha algo a seu favor. Ou melhor, ele tinha *alguém* a seu favor. Ele tinha um amigo chamado Jesus, o Jesus que transformou água em vinho, que acalmou as águas tempestuosas do mar, que transformou um piquenique num banquete. Outros eram fãs de Cristo. Lázaro era amigo dele. Então, as irmãs de Lázaro enviaram uma mensagem não muito sutil a Jesus: "Senhor, aquele a quem amas está doente".

Apelaram ao amor de Jesus e apresentaram seu problema. Elas não lhe disseram como ele deveria reagir. Elas simplesmente colocaram sua preocupação em palavras e deixaram que Jesus cuidasse do resto. Uma lição para nós, talvez? Cristo respondeu à crise de saúde com uma promessa de ajuda. "Ao ouvir isso, Jesus disse: 'Essa doença não acabará em morte; é para a glória de Deus, para que o Filho de Deus seja glorificado por meio dela'" (João 11:4).

Teria sido fácil entender errado essa promessa. Perdoaríamos ao ouvinte se ele entendesse: "Lázaro não enfrentará nem sofrerá a morte". Mas Jesus fez uma promessa diferente: "Essa doença não acabará em morte". Descobrimos que Lázaro vai para o vale da morte, mas ele não ficará ali. Certamente o mensageiro correu de volta para Betânia e instruiu a família a não perder o ânimo e a ter esperança.

Mas Jesus "ficou mais dois dias onde estava" (v. 6).

A crise de saúde foi intensificada pela crise de atraso. Quantas vezes Lázaro perguntou às suas irmãs: "Jesus já chegou?". Quantas vezes elas enxugaram suas sobrancelhas febris e olharam pela janela para ver se Jesus estava chegando? Lázaro e suas irmãs não encorajaram uns aos outros dizendo: "Jesus chegará a qualquer momento"?

Mas os dias vinham e iam. Nenhum Jesus. Lázaro começou a esvanecer. Nada de Jesus. Lázaro morreu. Jesus não apareceu.

"Ao chegar, Jesus verificou que Lázaro já estava no sepulcro havia quatro dias" (v. 17). "A fé rabínica de Israel ensinava que uma alma permanecia próxima ao corpo por três dias, mas, no quarto dia, ela o deixava para sempre".[1] Parecia que Deus tinha chegado um dia tarde demais. As irmãs acharam isso. "Quando Marta ouviu que Jesus estava chegando, foi encontrá-lo, mas Maria ficou em casa. Disse Marta a Jesus: 'Senhor, se estivesses aqui meu irmão não teria morrido'" (vs. 20-21).

Ela estava decepcionada com Jesus. "Se estivesses aqui". Cristo não cumpriu as expectativas dela. Quando Jesus chegou, Lázaro já estava morto há grande parte da semana. Nos dias de hoje, seu corpo já estaria embalsamado ou cremado, o obituário já teria sido publicado, o túmulo estaria comprado e o funeral já teria sido planejado ou talvez até realizado.

Sei que isso é verdade porque já planejei muitos funerais. Em mais enterros do que consigo contar, narrei a história de Lázaro. Até tive a coragem de ir ao caixão, olhar para os rostos das Martas, Marias, dos Mateus e Miguéis dos dias de hoje e dizer: "Talvez vocês, assim como Marta, estejam decepcionados. Vocês informaram Jesus sobre a doença. Vocês esperaram ao lado do leito hospitalar. Fizeram vigília na sala de convalescência. Vocês lhe disseram que aquele que ele ama estava doente — pior, morrendo. E agora a morte veio. E alguns de vocês estão, como Maria, arrasados demais para falar. Outros, como Marta, estão perplexos demais para ficar calados. Vocês estariam dispostos a imitar a fé de Marta?".

Dê mais uma olhada nas palavras dela: "Senhor, *se estivesses* aqui meu irmão não teria morrido. Mas sei que, *mesmo agora*, Deus te dará tudo o que pedires" (vs. 21-22, grifos meus). Quanto tempo você acha que se passou entre o "se estivesses" no versículo 21 e o "mesmo agora" no versículo 22? O que causou a mudança em seu tom? Ela viu algo na expressão de Cristo? Ela se lembrou de uma promessa feita no passado? Sua mão enxugou uma lágrima? A confiança dele acalmou o medo dela? Algo fez Marta passar da queixa para a confissão.

Jesus respondeu com uma promessa que desafiou a morte: "Disse-lhe Jesus: 'Seu irmão vai ressuscitar'. Marta respondeu: 'Eu sei que ele vai ressuscitar na ressurreição, no último dia'. Disse-lhe Jesus: 'Eu sou a ressurreição e a vida. Aquele que crê em mim, ainda que morra, viverá [...]. Você crê nisso?" (vs. 23-26).

É um momento dramático. Lembre-se de para quem Jesus fez essa pergunta: a uma irmã devastada, de coração rompido. Lembre-se de quando Jesus fez essa pergunta: quatro dias tarde demais. Lázaro, seu amigo, estava morto havia quatro dias, estava enterrado havia quatro dias.

Marta teve muito tempo para desistir de Jesus. Mas agora Jesus tem a ousadia de bancar o chefão sobre a morte e perguntar: "Você crê nisso, Marta? Você crê que sou Senhor de tudo, até mesmo do cemitério?".

Talvez ela tenha respondido com júbilo em sua voz, com a convicção de um anjo triunfante, socando o ar com seus punhos e com um rosto radiante de esperança. Você pode acrescentar uma dúzia de pontos de exclamação a essa resposta, mas eu não vou fazer isso. Eu a ouço pausar, engolir seco. Eu ouço um fraco "Sim, Senhor, eu tenho crido que tu és o Cristo, o Filho de Deus que devia vir ao mundo" (v. 27).

Marta não estava pronta para dizer que Jesus podia ressuscitar os mortos. Mesmo assim, ela lhe fez uma tripla homenagem: "o Cristo", "o Filho de Deus" e aquele "que devia vir ao mundo". Ela fez uma confissão do tamanho de uma semente de mostarda. Isso bastou para Jesus.

Marta foi chamar sua irmã. Maria viu Cristo e chorou. "Ao ver chorando Maria e os judeus que a acompanhavam, Jesus agitou-se no espírito e perturbou-se. "Onde o colocaram?", perguntou ele. "Vem e vê, Senhor", responderam eles. "Jesus chorou" (vs. 33-35). O que levou

Jesus às lágrimas? Ele chorou por causa da morte de seu amigo? Ou por causa do impacto que a morte tinha sobre suas amigas? Ele chorou de tristeza? Ou raiva? Foi o fato do túmulo ou o fato de seu controle sobre as pessoas que rompeu seu coração?

Deve ter sido o segundo, pois, agora, um Jesus determinado — e não desesperançado — assumiu o controle. Jesus a instruiu a tirar a pedra do túmulo. Marta hesitou. Quem não hesitaria? Ele insistiu. Ela obedeceu. E então veio a ordem, sem dúvida alguma a única ordem jamais dada a um cadáver. Jesus, com sua tendência a agradecer a Deus por situações impossíveis, fez uma oração de gratidão e "bradou em alta voz: 'Lázaro, venha para fora!' O morto saiu, com as mãos e os pés envolvidos em faixas de linho, e o rosto envolto num pano. Disse-lhes Jesus: 'Tirem as faixas dele e deixem-no ir'" (vs. 43-44).

Ah! Como queria que você estivesse lendo esse parágrafo pela primeira vez. Você arregalaria seus olhos até que ficassem do tamanho de um pires. Você fecharia este livro e olharia para o céu: "Tu realmente fizeste isso? Tu realmente gritaste num cemitério e ordenaste que um morto saísse?". Sim, ele fez! Jesus deu uma ordem, não um convite; um imperativo, não uma ideia; uma convocação, não uma sugestão. Jesus...

- "bradou em alta voz"
- "rugiu em alta voz"[2]
- "gritou com a mais alta voz possível"

Aquele que é a Ressurreição e a Vida gritou uma ordem para dentro da caverna da morte. Em algum lugar no céu, um anjo ouviu a voz familiar do Pastor e sorriu. Em algum lugar no inferno, os anjos caídos murmuraram: "Ah, não".

"Lázaro, venha para fora!" O som da voz de Deus ecoou pelas paredes da grota até as palavras encontrarem o cantinho do paraíso em que estava sentado um Lázaro saudável e feliz numa cafeteria de esquina, tomando um café com leite com Moisés, ouvindo relatos em primeira mão do êxodo.

"*Lázaro!*"

Ele ouviu seu nome e olhou para Moisés. O patriarca levantou os ombros. "*Você precisa ir, amigo*".

Lázaro não queria voltar para a terra. Tenho certeza disso. Mas, quando Jesus manda, seus discípulos obedecem. Lázaro tinha certeza disso. Assim, seu espírito desceu dos céus até chegar ao cemitério de Betânia. Ele entrou e reanimou seu corpo. Ele se levantou e foi até a entrada do túmulo.

"Disse-lhes Jesus: 'Tirem as faixas dele e deixem-no ir'" (v. 44).

"Não ignorem a mensagem desse milagre", costumo dizer nos enterros, mas com o cuidado de não me animar demais, pois, afinal de contas, estou num funeral. Mesmo assim, eu me permito um pouco de entusiasmo. "Vocês nunca estão sós. Jesus nos encontra nos cemitérios da vida. Não importa se estamos aqui para dizer adeus ou para ser enterrados. Podemos contar com a presença de Deus".

Ele é "Senhor de vivos e de mortos" (Romanos 14:9). Um bis está agendado. Lázaro só foi o aquecimento. Algum dia Jesus gritará, e a reunião dos santos começará. Cemitérios, profundezas marítimas, campos de batalhas, prédios queimados e todos os outros lugares de descanso dos falecidos entregarão os mortos, qualquer que seja o estado em que se encontrem. Eles serão refeitos, ressuscitados e reapresentados na presença de Cristo.

A salvação dos santos não é apenas a redenção de almas, mas também a reunião de almas e corpos.

Sabemos que toda a natureza criada geme até agora, como em dores de parto. E não só isso, mas nós mesmos, que temos os primeiros frutos do

Espírito, gememos interiormente, esperando ansiosamente nossa adoção como filhos, a *redenção do nosso corpo*. (Romanos 8:22-23, grifo meu)

Não aguardamos ser redimidos de nosso corpo, mas a redenção do próprio corpo. A totalidade da nossa humanidade será reivindicada. Somos feitos "de modo especial e admirável" (Salmos 139:14), mas somos fracos e temporários como "as flores do campo" (Isaías 40:6). Nossa fragilidade é de curta duração. Como coerdeiros de Cristo, desfrutaremos de uma libertação idêntica à dele. "Se dessa forma fomos unidos a ele na semelhança da sua morte, certamente o seremos também na semelhança da sua ressurreição" (Romanos 6:5).

Você crê nisso? A pergunta de Jesus à Marta é a pergunta dele a você.

A morte é o grande igualador. O que o bilionário e o camponês têm em comum? Ambos morrerão. Todos nós morreremos. Mas nem todos enfrentarão a morte da mesma forma. Deixe que a história do Lázaro ressuscitado lembre a você: a autoridade de Jesus se estende até o cemitério.

Você crê nisso? Não sua igreja, sua família, seus pais ou a sociedade, mas você. A pergunta é pessoal. E mais, ela é precisa.

Você crê *nisso*? Naquilo que Cristo reivindica sobre a deidade dele e sobre o seu destino? Jesus é Senhor sobre o cemitério. Sua voz consegue esvaziar um túmulo. E você está destinado a viver o seu *momento Lázaro*.

Você crê *nisso*?

George H. W. Bush acreditava. Poucas pessoas tiveram uma vida mais vibrante do que o 41º presidente dos Estados Unidos. Piloto de caça. Delegado federal. Embaixador. Diretor da CIA. Vice-presidente por oito anos. Presidente por quatro anos. Ele teve acesso a poder e influência como poucas pessoas na história. Mas nada disso importou em 29 de novembro de 2018. Seu corpo de 94 anos estava fraco. Naquilo que seria seu último dia antes do dia de sua morte, ele recebeu seu bom amigo James Baker.

Baker o chamava de "Jefe", "chefe" em espanhol. Bush chamava Baker de "Bake". Os dois almoçavam juntos com frequência. Baker costumava entrar na casa e dizer: "Para onde vamos hoje, Jefe?", mas nesse dia o ex-presidente fez a pergunta antes de Baker: "Para onde vamos hoje, Bake?". Seu amigo de longa data respondeu: "Bem, Jefe, vamos para o céu". E Bush respondeu: "Que bom... pois é para onde quero ir".

Para garantir que não errasse nos detalhes dessa história, mandei uma mensagem a Russ Levenson, o pastor da família Bush em Houston. Ele acrescentou esta observação: "Em seus últimos dias, conversamos muito sobre o céu. Ele nunca perguntou: 'Eu vou para lá?' ou 'O céu existe?'. Ele só queria saber como era o céu".[3]

O presidente Bush teve uma vida estelar. Mas, no fim, suas conquistas não importaram. O que importou foi sua decisão de confiar na conquista de um rabino judeu.

Ainda não gosto de me demorar em cemitérios. Meu fim de semana na casa funerária Resthaven não me deixou com vontade de voltar. Ofereça-me a oportunidade de fazer de uma casa funerária o meu lar, e eu recusarei: obrigado, muito obrigado.

Faço o que a maioria dos visitantes faz num cemitério. Presto minha homenagem, participo do funeral e vou embora. Mas eu me rendo a uma fantasia. Eu paro e olho para o cemitério e imagino o cumprimento desta promessa:

> Pois, dada a ordem, com a voz do arcanjo e o ressoar da trombeta de Deus, o próprio Senhor descerá do céu, e os mortos em Cristo ressuscitarão primeiro. Depois disso, os que estivermos vivos seremos arrebatados juntamente com eles nas nuvens, para o encontro com o Senhor nos ares. E assim estaremos com o Senhor para sempre. Consolem-se uns aos outros com estas palavras. (1Tessalonicenses 4:16-18).

CAPÍTULO 9

Totalmente pago

Pergunte àqueles que viram Kayla Montgomery correr, e eles lhe dirão que Kayla era uma corredora constante, uma corredora robusta. Magra e determinada, ela era uma das corredoras de longa distância mais rápidas do país. Olhos experientes percebiam seus passos grandes no fim da corrida. Seu desempenho na equipe do Ensino Médio em Winston-Salem, na Carolina do Norte, chamou a atenção de treinadores, concorrentes e faculdades. Ela estabelecia novos recordes, ganhava títulos estaduais, competia em corridas nacionais e eventualmente recebeu uma bolsa de estudos da Lipscomb University em Nashville, Tennesse.

Se você tivesse visto como ela corria, teria ficado impressionado. E aqui está algo que você nunca teria imaginado: ela corria sem sentir suas pernas. Kayla recebeu o diagnóstico de esclerose múltipla aos 15 anos de idade. A doença é autoimune, e ataca a bainha de mielina dos nervos, afetando o cérebro e a coluna. A sensibilidade ao calor é um dos muitos sintomas possíveis da esclerose múltipla. Quando Kayla se aquece demais, seus sintomas aparecem, deixando-a sem sensação do quadril para baixo.

Mesmo assim, ela queria correr. Disse ao treinador: "Eu quero correr, e quero correr rápido". E foi o que ela fez. Certa vez, chegou a ocupar a 21ª posição na nação. Costumava perder a sensação nas pernas após a marca da primeira milha. Depois disso, confiava no impulso — como que em piloto automático — para continuar correndo. Correr era fácil. Mas parar? Essa era outra história. Ela passava pela linha de chegada sem poder desacelerar. Para conseguir isso, dependia totalmente de um único homem, seu treinador. Ele era uma presença constante nas corridas, gritando e encorajando, mas sua maior contribuição era pegá-la. Ele pegava Kayla. Ele esperava na linha de chegada. Ela corria diretamente para os seus braços. Ela não diminuía a velocidade. Ele não saía do lugar. O choque era considerável. Quando finalmente conseguia parar o avanço dela, ele levantava seu corpo de 156 centímetros de altura e a tirava da pista de corrida.

Muitas pessoas a ouviam gritar sem parar: "Minhas pernas! Minhas pernas! Onde foram parar minhas pernas? Por favor, me ajude! Me ajude!". E o treinador não se cansava de repetir: "Está tudo bem. Eu peguei você, eu peguei você". Ele a carregava até um lugar seguro e lhe dava água e gelo. Aos poucos, a temperatura de seu corpo caía e a sensação nas pernas voltava.[1]

Eles tinham um acordo. Ela corria, ele pegava. Se ele não estivesse presente para pegá-la, ela acabaria se chocando contra o obstáculo mais próximo. Mas ela nunca bateu. Ele estava sempre presente.

Esse era seu juramento a ela.

Esse é o juramento de Deus a nós.

Sua linha de chegada está se aproximando. Perdoe o lembrete não solicitado, mas cada passo aproxima você do seu último. Cada batida do seu coração é uma tique-taque no seu relógio de contagem regressiva. O número de suas respirações está definido. Seus dias estão contados. Não importa quão bem você esteja na corrida, você não correrá para sempre.

Você precisará de ajuda. Sua força acaba na linha de chegada. A habilidade com que você correu? A competência com que tem competido? A determinação que fez você continuar na corrida? Seu treinamento? Sua experiência e suas conquistas? Nada disso vai importar quando você atravessar a linha de chegada. Você precisará de alguém que te segure.

Jesus prometeu ser esse alguém. Ele não abandonará você em seus momentos finais. Essa é a sua promessa. E essa é a mensagem da cruz.

Mais tarde, sabendo então que tudo estava concluído, para que a Escritura se cumprisse, Jesus disse: 'Tenho sede'. Estava ali uma vasilha cheia de vinagre. Então embeberam uma esponja nela, colocaram a esponja na ponta de um caniço de hissopo e a ergueram até os lábios de Jesus. Tendo-o provado, Jesus disse: 'Está consumado!' Com isso, curvou a cabeça e entregou o espírito. (João 19:28-30)

A crucificação se qualifica como milagre? Sim, em todos os aspectos. Ela representa cada traço dos outros milagres no Evangelho de João. No milagre da expiação, a água não se transformou em vinho, mas pecadores se tornaram santos. No Calvário, Jesus não curou um servo por meio de uma declaração; ele curou todas as gerações com uma afirmação. Na Sexta-Feira Santa, Jesus não ordenou que um coxo andasse; ele convidou todos nós para dançar.

Com uma única proclamação, Jesus alimentou mais do que uma multidão, ele acalmou mais do que uma tempestade e deu visão a mais do que um homem. Sua ordem no cemitério de Betânia bastou para chamar Lázaro para fora do túmulo. Seu anúncio no Calvário bastou para salvar da morte eterna todos aqueles que creem nele.

Qual foi o anúncio? *Tetelestai*. "Está consumado" (João 19:30).

Tire seu chapéu. Tire seus sapatos. Silencie toda a conversa e abaixe os olhos. Essa é uma palavra santa, um momento sagrado. A artista larga o pincel, dá um passo para trás. *Está consumado*.

O poeta lê seu soneto uma última vez e então deita a caneta na escrivaninha. *Está consumado*.

O fazendeiro olha para os campos que acabou de ceifar, tira seu chapéu, enxuga sua testa. *Está consumado*.

Jesus abre seus olhos inchados e olha para o céu. Seus pulmões ardentes soltam ar o suficiente para anunciar: "Está consumado".

Você se lembra de como a obra de Cristo começou? Aos 12 anos, Jesus desapareceu em Jerusalém. Depois de três dias, seus pais o encontraram no templo, conversando com os rabinos. "Por que vocês estavam me procurando? Não sabiam que eu devia estar na casa de meu Pai?" (Lucas 2:49). Mesmo como garoto, Jesus tinha noção dos assuntos da família, a obra de redenção. Suas primeiras palavras documentadas marcaram seu início. Uma de suas últimas palavras sinalizou seu término. Na verdade, a palavra grega *tetelestai* evoca conotações de um termo de negócios. Era usada para indicar "totalmente pago", com referência a dívidas, como impostos e tributos. O apóstolo Paulo usou uma versão dessa palavra (Romanos 13:6) quando nos instruiu a "pagar imposto". A raiz *teleó* aparece no versículo 25 de Mateus 17: "O mestre de vocês não paga o imposto do templo?". O termo indica uma transação finalizada.

A palavra de Cristo na cruz declara o mesmo. "Porque, por meio de um único sacrifício, ele aperfeiçoou para sempre os que estão sendo santificados" (Hebreus 10:14). Nenhuma outra oferta precisa ser feita. O céu não espera nenhum outro sacrifício. A obra de Cristo na cruz satisfez as exigências da corte eterna. O que, senão isso, se qualifica como milagre?

"Com isso, curvou a cabeça e entregou o espírito" (João 19:30). Sua cabeça não caiu. Ele *curvou* a cabeça. Ele *baixou* sua cabeça. Jesus não era um sofredor exausto e desfalecido. Ele tinha prometido: "Ninguém tira [a vida] de mim, mas eu a dou por minha espontânea vontade" (João 10:18). O homem na cruz central dominou o palco central. Ele era soberano, até mesmo — e especialmente — na morte.

O assunto de família ao qual ele se referiu como garoto se completou uns 22 anos depois e pouco mais de meio quilômetro ao oeste, no monte do Gólgota.

O que, exatamente, estava consumado? O ensinamento de Cristo? Não, ele continuaria a ensinar num corpo ressurreto por outros quarenta dias. A orientação dos santos? Não. Com o Espírito Santo, ele continua a guiar sua igreja. O ministério de cura de Jesus estava consumado? De forma alguma. Com o Espírito Santo e com a compaixão do Pai, Jesus ainda cura. Mas existe uma tarefa à qual ele não precisa mais dar atenção: a redenção da humanidade.

"Deus tornou pecado por nós aquele que não tinha pecado, para que nele nos tornássemos justiça de Deus" (2Coríntios 5:21). Esse versículo descreve a transferência sobrenatural do nosso pecado para Cristo e de sua justiça para nós. Jesus, o Filho sem pecado de Deus, absorveu o nosso estado pecaminoso. E nós, sua criação rebelde, podemos receber a bondade de Jesus.

Mais cedo, Paulo escreveu: "Deus em Cristo estava reconciliando consigo o mundo, não lançando em conta os pecados dos homens" (2Coríntios 5:19). Deus não usa nossos pecados contra nós! Em vez disso, ele os conta contra Cristo. Voluntariamente, Jesus aceitou a responsabilidade por nossos pecados. Generosamente, ele oferece a você a recompensa de sua perfeição.

Quando Jesus "acabou de oferecer, para sempre, um único sacrifício pelos pecados, assentou-se à direita de Deus" (Hebreus 10:12). É claro que Jesus se assentou. Tudo que precisava ser feito tinha sido feito. Tudo que precisava ser pago tinha sido pago. Cristo pagou por você.

Ouvi uma expressão semelhante recentemente na fila de um *drive--thru* da Starbucks. Eu fiz meu pedido e então esperei até o carro à frente ter feito suas compras e partir. Quando veio minha vez, parei ao lado da janela e ofereci o meu dinheiro à funcionária. Ela recusou. "O pessoal do carro à sua frente pagou por sua bebida. Disseram que conhecem você da igreja e quiseram pagar seu café".

Não sei quem era essa gente, mas sei que são cristãos do mais alto calibre. E eles deram um exemplo maravilhoso aos outros. "Eles deixaram mais do que o suficiente", continuou a funcionária, e levantou uma nota de vinte dólares. Já que minha bebida custava menos de cinco dólares, eu fiz o que qualquer bom pastor faria. Olhei no retrovisor, olhei para a funcionária e pedi algo para comer.

O que eu não fiz foi recusar o presente. O que eu não fiz foi dizer à funcionária que não precisava de ajuda. O que não fiz foi recusar o ato de graça. Eu simplesmente o aceitei com gratidão. Espero que você faça o mesmo.

Aceite esse grande milagre de misericórdia. Permita que a graça de Deus inunde você como uma cascata purificadora, lavando todas as manchas de culpa e vergonha. Nada separa você de Deus. Sua consciência pode acusar você, mas Deus o aceita. Outros podem ficar lembrando seu passado, mas Deus não faz isso. No que diz respeito a mim, a obra está consumada, de uma vez por todas.

Interrompi a redação deste livro para ir à praia com nossa família. Rosie, a neta número um, tinha três anos e meio e nunca tinha visto o oceano. Todos nós estávamos curiosos para ver como ela reagiria à vista. Quando viu as ondas e ouviu o rugido das águas, ela observou e, então, finalmente perguntou: "Quando isso desliga?".

Nunca, queridinha.

Fazemos a mesma pergunta sobre a graça de Deus. Certamente ela se esgotará e deixará de fluir, certo? Errado. Certamente esgotaremos sua bondade, não? Nunca. Em algum momento emitiremos um cheque que não esteja coberto com fundos de sua misericórdia e seu amor, correto? Incorreto.

> [O Senhor] não nos trata conforme os nossos pecados
> nem nos retribui conforme as nossas iniquidades.
> Pois como os céus se elevam acima da terra,
> assim é grande o seu amor para com os que o temem;

e como o Oriente está longe do Ocidente,
assim ele afasta para longe de nós as nossas transgressões.
Como um pai tem compaixão de seus filhos,
assim o Senhor tem compaixão dos que o temem.
(Salmos 103:10-13)

Continue na corrida. E, enquanto corre, tenha certeza: um amigo está esperando por você na linha de chegada. Quando você a atravessar, ele o segurará em seus braços. Não se surpreenda se ele disser novamente o que disse no passado: "Está consumado".

CAPÍTULO 10

Ele viu e creu

Talvez você fique surpreso quando eu lhe disser quantas vezes tenho lutado com dúvidas. Talvez você me excomungue se souber quantas vezes tenho pensado coisas como: *Isso é realmente verdade?* Acreditar que Deus desceu para a terra. Acreditar que Deus se tornou bebê, usou fraldas e foi amamentado por sua mãe. Acreditar que um casal teve um bebê antes de fazer sexo. Pensar que um pontinho no mapa chamado Nazaré serviu como cidade natal do Filho de Deus por três décadas. Pensar que Deus, na forma de um bebê com bochechas rosadas, respirou pela primeira vez, como criança rechonchuda deu seu primeiro passo, como adolescente cheio de espinhas olhou pela primeira vez para uma garota, como jovem magro recitou a Torá e como rabino barbudo ousou falar a demônios, perdoar pecadores, ordenar que as tempestades se acalmassem e que cadáveres se levantassem.

Às vezes isso não lhe parece absurdo? Um pequeno exagero? Os ensinamentos de Cristo não me dão trégua. Imaginar um rabino do Oriente Médio falando palavras sábias sobre amor ao próximo e vigiar sua língua é perfeitamente sensato. Mas dizer que esse mestre teve (e tem) autoridade para perdoar pecados, que ele teve (e tem) pureza para servir como sacrifício pelos pecados e que ele teve (e tem) audácia de aceitar adoração — não só apreço e admiração, mas também adoração?

E onde é que isso para? Certamente não parou com sua crucificação. A dobradiça na porta chamada "evangelho" é uma história sobre um homem morto que deixou de ser morto, um homem enterrado que se desenterrou, um coração humano que parou por mais de três dias e, então, tão certo quanto o Sol nasce de manhã, começou a bombear sangue como desde sua primeira batida no ventre de Maria. O cadáver despertou. Cristo se levantou. E bilhões — sim, bilhões — de nós têm ousado acreditar que ele ainda se levanta por nós hoje. E que ele virá nos buscar algum dia. Que, de uma vez por todas, ele dará sentido a toda essa bagunça que chamamos "humanidade".

Seja honesto agora. Por vezes isso não lhe parece um tanto inacreditável? Para alguns de vocês, a resposta é "não". Sua fé é forte como uma sequoia: raízes profundas, doadora de sombra. Mas outros precisam processar tudo isso. Temos perguntas legítimas referentes ao cristianismo. Procuramos respostas que satisfaçam nossa busca por uma fé honesta. Se você se reconhecer nessa descrição, deixe-me dar-lhe as boas-vindas à Sociedade dos Buscadores. Deixe-me garantir-lhe que é permissível ter dúvidas. Perguntas são degraus que nos levam em direção ao céu. A subida pode ser íngreme, mas a dificuldade não significa que não estejamos fazendo progresso.

João escalou os degraus. Suas histórias de milagres são uma forma de corrimãos que nos ajudam. Você se lembra da razão pela qual ele as registrou? "Estes foram escritos para que vocês creiam que Jesus é o Cristo, o Filho de Deus e, crendo, tenham vida em seu nome" (João 20:31). João não reuniu essas histórias para que pudéssemos nos informar ou nos entreter. Ele queria que acreditássemos que Jesus é o Messias. Por essa razão, para o benefício daqueles entre nós que questionam, ele descreveu minuciosamente o momento crucial em sua vida: o momento em que ele veio a crer.

Falando de si mesmo, João escreveu: "Ele viu e creu" (João 20:8). Essa expressão não vem logo após o milagre da água transformada em vinho. João não teve essa reação ao Jesus que andou sobre a água nem ao Jesus que alimentou as multidões. João era um seguidor quando Jesus curou o cego. Mas quando João se transformou num crente? Permitirei que ele lhe conte.

> Depois disso José de Arimateia pediu a Pilatos o corpo de Jesus. José era discípulo de Jesus, mas o era secretamente, porque tinha medo dos judeus. Com a permissão de Pilatos, veio e levou embora o corpo. Ele estava acompanhado de Nicodemos, aquele que antes tinha visitado Jesus à noite. Nicodemos levou cerca de trinta e quatro quilos de uma mistura de mirra e aloés. Tomando o corpo de Jesus, os dois o envolveram em faixas de linho, juntamente com as especiarias, de acordo com os costumes judaicos de sepultamento. No lugar onde Jesus foi crucificado havia um jardim; e no jardim, um sepulcro novo, onde ninguém jamais fora colocado. (João 19:38-41)

Quando a noite caiu na sexta-feira, o Filho de Deus foi colocado num túmulo em Jerusalém. Dois discípulos prepararam o corpo de Jesus para o sepultamento: José de Arimateia e Nicodemos. Ambos eram homens ricos. Ambos eram líderes da cidade. Ambos eram seguidores secretos que foram a público com sua fé nos últimos dias.

Eles não tinham nada a ganhar com esse ato de serviço. Pelo que sabiam, seriam os últimos a ver seu Salvador. Eles prepararam um corpo morto para o sepultamento, não um corpo que em breve ressuscitaria.

Eles encharcaram faixas de linho em 34 quilos de especiarias fúnebres (19:39),[1] o que era uma quantidade significativa, "especiarias dignas do sepultamento de um rei".[2] Então enfaixaram o corpo até ficar bem amarrado. Fizeram algo semelhante a como costumamos enfaixar um tornozelo torcido, só que enfaixaram o corpo inteiro. As especiarias serviam para encobrir o fedor de decomposição e para, com o decorrer do tempo, endurecer as faixas e transformá-las numa cobertura protetora. Então amarraram uma faixa em torno de seu queixo e no topo da cabeça para impedir que a boca se abrisse.[3] Após completarem seu trabalho, os dois homens carregaram o corpo até o cemitério e o colocaram num túmulo que nunca tinha sido usado antes.

Jesus nasceu de um ventre virginal. E ele foi sepultado num túmulo virginal. Diante da insistência dos líderes religiosos, Pilatos posicionou guardas na entrada do túmulo. Foram instruídos a impedir que os discípulos entrassem. Ninguém mencionou a necessidade de impedir que Jesus saísse.

> No primeiro dia da semana, bem cedo, estando ainda escuro, Maria Madalena chegou ao sepulcro e viu que a pedra da entrada tinha sido removida. (João 20:1)

Três dias tinham passado desde a crucificação. Jesus tinha prometido que, no terceiro dia, ele ressuscitaria (Marcos 8:31; 9:31; 10:34). A sexta foi o dia número 1. O sábado, o dia número 2. A noite da sexta foi calma. O sábado foi triste. Na sexta, os diabos dançaram. No sábado, os demônios festejaram. Na sexta, os discípulos fugiram. No sábado, choraram. Na sexta, o mais nobre Filho do céu morreu e foi sepultado. No sábado, ele não falou uma única palavra. Na sexta, os anjos baixaram a cabeça. No sábado, eles fizeram sua vigília.

Mas no domingo, no terceiro dia, na madrugada, no centro do túmulo de José, o coração de Jesus começou a bater.

Ah! Como eu queria ter presenciado aquele momento. Ter ouvido a inspiração repentina. Ter observado como os olhos de Jesus piscaram e se abriram e ter visto o sorriso em seu rosto. Você não sabe que um sorriso tomou conta do rosto do Vitorioso? O primeiro suspiro de Cristo significou o último suspiro da morte.

ELE VIU E CREU

O que segue no evangelho de João é uma série de descobertas e celebrações. Maria Madalena viu o túmulo vazio e supôs o pior. Ela correu para acordar Pedro e João com a notícia: "Tiraram o Senhor do sepulcro, e não sabemos onde o colocaram" (João 20:2).

João e Pedro correram até o cemitério. João era mais rápido, mas Pedro era mais ousado. Ele entrou no túmulo e saiu perplexo. João entrou no túmulo e saiu crendo. "Depois o outro discípulo, que chegara primeiro ao sepulcro, também entrou. Ele viu e creu" (v. 8).

Imagino que João tenha pausado após escrever essa última palavra. *Creu*. Crer era seu verbo favorito. Ele o usou 88 vezes em seu evangelho! Duas vezes mais do que Mateus, Marcos e Lucas juntos.[4] *Crer* significa mais do que mera crença. Significa depender de alguém e confiar nesse alguém.

Eu vivenciei a dinâmica da crença algum tempo atrás. Estava passando o sábado com alguns colegas na cabana de um amigo perto do rio Guadalupe. Era outono, a temperatura era agradável e o nível da água do rio era alto. Aproveitamos o céu azul da tarde para explorar as margens do rio. Encontramos um carvalho elegante e imponente com um galho grosso que se estendia sobre a água. Uma corda velha pendia do final do galho, balançando sobre o rio.

Você consegue imaginar nossos pensamentos. Sim, é novembro. A água está gelada. Somos homens de meia-idade, mas um mergulho não seria divertido? Usamos um galho longo para pegar a corda. Embora velha, *parecia* forte. Mas ela suportaria nosso peso? Ou será que romperia, lançando o nadador na lama rasa?

Em algum momento enquanto testávamos a corda e examinávamos a temperatura da água, um dos colegas se encheu de coragem: "Eu vou pular!". Ele pegou a corda e correu pela margem do rio como se fosse a linha de fundo de um campo de futebol. Saltou e voou. Engolimos seco e observamos. O galho se curvou e a corda se esticou. Mas ela o segurou, e ele se agarrou até chegar onde queria. Ele mergulhou, apareceu na superfície e não precisou nos convidar para seguir seu exemplo.

Em que ponto passamos a acreditar na força da corda? Quando a pegamos? Quando a examinamos? Não. Nós acreditamos quando colocamos nosso peso nela. E foi isso que João fez. Ele colocou todo o seu peso em Cristo. "Ele viu e creu".

O que o levou a tomar essa decisão? João ainda não tinha visto o rosto de Jesus, não tinha ouvido a voz de Jesus nem tocado o corpo de Jesus. Tudo isso viria depois. Mas, naquele momento, nada disso tinha acontecido ainda. Mas João creu. Quais evidências, então, o levaram a fazer a sua confissão?

O que ele nos conta é isto: com Pedro, ele "viu as faixas de linho ali" (João 20:5). João usou um termo grego para "ali" que significa "ainda dobradas",[5] ou em sua "disposição original".[6] "O corpo não está ali, mas as roupas parecem intocadas".[7] As faixas perfumadas de linho estavam exatamente do jeito que José e Nicodemos as tinham deixado na sexta à noite, com uma exceção gritante: Jesus não estava nelas. Ele tinha escapado do casulo.[8]

João olhou para as faixas vazias e processou as evidências. Primeiro, havia o túmulo vazio. Ladrões de túmulos não tinham roubado o corpo de Jesus. Eles não o teriam tirado de suas faixas fúnebres. Por que fariam isso? Não tinham motivo nem tempo para fazer uma coisa dessas.

Amigos de Cristo não tinham levado o corpo. Por que acrescentar indignidade à morte removendo Cristo das faixas fúnebres? Se por algum motivo pretendessem fazê-lo, as faixas intocadas diziam que eles não tinham feito isso.

Havia também a questão da faixa de linho da cabeça. Ele viu também "o lenço que estivera sobre a cabeça de Jesus. Ele estava dobrado à parte, separado das faixas de linho" (v. 7). Novamente, ladrões de túmulos não teriam nenhum motivo para remover a faixa. Se tivessem feito isso, teriam jogado-a num canto. O mesmo vale para os amigos de Jesus. Por que remover o linho, dobrá-lo e colocá-lo à parte?

João raciocinou: a pedra removida, o túmulo agora desocupado, as faixas de linho em seu estado original. Uma única explicação fazia sentido. O próprio Jesus tinha feito isso! Ele passou pelas faixas fúnebres como se fosse uma neblina matinal.

João viu as faixas e creu. Ele confiou em Cristo assim como nós confiamos na corda. Esse deve ter sido um momento e tanto para ele.

Talvez ele tenha colocado sua mão na laje vazia ou visto as pegadas de pés perfurados no chão empoeirado. Sem dúvida ele inalou o doce perfume de 34 quilos de especiarias que ainda pairava no ar. O que tinha sido feito para honrar o morto servia agora para batizar um rei.

Talvez João tenha dado uma cotovelada em seu amigo, que estava ao seu lado no túmulo vazio. "Ele está vivo, Pedro! Ninguém o levou. Ninguém pôde matá-lo. Ele afastou a pedra para que nós pudéssemos entrar. Vamos! Aposto uma corrida. O primeiro a chegar pode escrever o evangelho!"

João viu e creu.

Lembro-me do momento na minha vida em que eu vi e cri. Comecei a seguir a Cristo aos vinte anos de idade, mas foi em algum momento por volta dos 22 ou 23 que comecei a ter algumas dúvidas.

Admiti a um amigo: "Não sei se realmente acredito". Sua resposta foi simplesmente: "Então, Max, a pergunta é esta: Onde está o corpo do Cristo crucificado?". Mais tarde, aprendi que sua lógica era o beabá da apologia cristã. O raciocínio funciona assim: se Jesus não saiu do túmulo, se seu corpo ainda está no túmulo... Por que seus inimigos não o apresentaram? Eles sabiam onde o corpo estava sepultado. Uma única exibição do corpo, e a igreja teria morrido no berço.

Por que o público não negou o fato? No dia de Pentecostes, curtos cinquenta dias após a ressurreição, pregando a mais de 3 mil pessoas em

Jerusalém, o apóstolo Pedro "falou da ressurreição do Cristo, que não foi abandonado no sepulcro e cujo corpo não sofreu decomposição. Deus ressuscitou este Jesus, e todos nós somos testemunhas desse fato" (Atos 2:31-32).

Na minha imaginação, ouço os apóstolos que estavam na Sala Superior gritando "Amém", os 120 seguidores que receberam o Espírito Santo em Pentecostes declarando "Amém" e os mais de quinhentos seguidores que testemunharam o Senhor ressurreto (1Coríntios 15:6) concordando "Amém". Ninguém — aparentemente ninguém — teve como afirmar o contrário.

E você pode apostar que eles teriam se tivesse sido possível. Os inimigos de Cristo teriam adorado silenciar o sermão de Pedro. Mas eles não tinham nada a dizer. Não tinham nenhum corpo para mostrar. Seu silêncio era o sermão mais convincente de todos.

A ressurreição de Cristo é a pedra angular do evangelho cristão. Paulo, o apóstolo, foi direto: "Se Cristo não ressuscitou, inútil é a fé que vocês têm, e ainda estão em seus pecados" (1Coríntios 15:17). Se ele ressuscitou, responderíamos, então nossa fé é preciosa e poderosa.

Aceite o convite da Páscoa. Entre no túmulo. Examine os fatos. E mais, contemple as implicações. Por causa da ressurreição, uma fé sensata e lúcida é uma possibilidade. Jesus gosta de uma análise honesta da alegação da ressurreição. Ele sabe que tudo parece um tanto absurdo. A fé não é nossa linguagem nativa. Hesitante? Seja bem-vindo. Cauteloso? Seja bem-vindo. Uma lobotomia não é um pré-requisito para o cristianismo. Jesus convida a Sociedade dos Buscadores a examinar seu corpo ressurreto.

Fé não é ausência de dúvida. Fé é simplesmente a disposição de continuar fazendo as perguntas difíceis. Como diz minha mentora Lynn Anderson: "Fé é a decisão de seguir a melhor luz que você tem sobre Deus e não desistir".

A pedra foi removida. O lenço ainda está dobrado. As faixas ainda estão vazias. Examine as evidências. Veja se, como João, você pode ver e crer.

CAPÍTULO 11

Café da manhã com Jesus

A obra A *Última Ceia*, de Leonardo da Vinci, começou a deteriorar-se quase no mesmo momento em que foi completada. As causas eram numerosas. Em parte, a culpa era do artista. Em 1494, o duque de Milão tinha encomendado um mural como parte da renovação de um convento. No entanto, da Vinci não pintou em fresco; assim, o pigmento não aderiu corretamente à superfície e, dentro de vinte anos, a tinta começou a descascar.

Havia também o ambiente. O refeitório se encontra numa parte baixa da cidade, exposta à umidade. A parede do norte na qual Leonardo pintou era úmida.

A pintura não tem recebido sempre o melhor cuidado. Durante décadas, ficou exposta ao vapor da cozinha próxima e à fumaça de velas do santuário. Em algum momento, uma porta foi aberta na parede, cortando os pés de Cristo. Sob Napoleão, o refeitório foi transformado em estábulo para cavalos, e os soldados ficaram jogando tijolos na obra-prima. Certa vez uma enchente inundou o refeitório com meio metro de água por 15 dias, deixando a pintura coberta com uma camada de mofo verde. Em 16 de agosto de 1943, uma bomba lançada pela Royal Air Force acertou o convento e destruiu o telhado do refeitório e um mosteiro próximo.

É um milagre que a pintura ainda exista. O fato de existir é um tributo à arte dos restauradores. Em numerosas ocasiões, especialistas aplicaram suas habilidades à *A Última Ceia*. Eles têm sido incansáveis em sua dedicação. O esforço mais recente de conservá-la durou 22 anos, de 1977 a 1999.[1]

Em parte historiador, em parte químico, o restaurador faz uma pergunta: Qual era a intenção original do artista? Ferramentas incluem óculos com lentes de ampliação, um litro de acetona, pinções, cotonetes e verniz sintético. Milímetro por milímetro, os restauradores de arte imitam as pinceladas do criador, recuperando cores e revelando seu gênio.

É graças aos restauradores que a obra de da Vinci pode ser admirada. Graças a Jesus, o trabalho de seus servos pode ser restaurado. Os anos deixam marcas até nos mais puros dos santos. Nossas almas ficam manchadas. Nosso brilho diminui. Também precisamos ser limpos. A prova disso está nas páginas das Escrituras. Chamamos Abraão de "nosso herói", mas, certa vez, ele se recusou a chamar sua esposa de "esposa". Nós nos deliciamos com as palavras de Davi. Mas Davi era famoso por ter se deliciado com a esposa de um amigo. Raabe é uma de um punhado de mulheres na genealogia de Jesus. Ela também era uma representante da profissão mais antiga do mundo. Paulo matava cristãos antes de instruí-los. Tiago e João eram "filhos do trovão" antes de se tornarem apóstolos da paz. Antes de morrerem como mártires, os seguidores de Jesus brigavam como crianças. A Bíblia está cheia de fracassos famosos. Nós damos aos nossos filhos os nomes deles. Cantamos músicas sobre eles. Nós tentamos imitá-los. Mas sejamos honestos. Não existe um único ser humano na Bíblia que não tenha se comportado como um. Cada um deles se sujou com a gororoba de porcos do filho pródigo. E nós também.

Faríamos bem em admiti-lo, confessar tudo e sair do nosso esconderijo. Nós também caímos de cara, caímos duro e o suficiente para nos perguntarmos por que Deus nos chama de *seus*. Não estou falando de uma escorregada insignificante, de má conduta e erros inocentes. Estou falando dos momentos de Jonas em que nos afastamos de Deus, de momentos de Elias em que fugimos de Deus, de momentos de Jacó em que ousamos exigir algo de Deus.

Quando você reflete sobre seus atos mais sombrios, para onde sua memória o leva? Para o *campus* da faculdade? Para um motel num beco escuro? Para uma transação suspeita? Qual é a estação da sua vida que emerge? Para alguns, é a rebeldia na adolescência. Para outros, a crise da meia-idade. Seus dias no exército? Seus meses numa missão no exterior? Você abandonou seus amigos? Sua posição? Suas convicções?

Alguma vez você já se perguntou se Deus poderia voltar a usar você? Se sua resposta for "sim", você precisa ler uma história no livro de João: o milagre da restauração de Pedro. A restauração é a segunda estrofe no "Hino da segunda chance". No verso um, Deus nos perdoa; no verso dois, Deu nos restaura continuamente ao nosso lugar de serviço. Ele nos lava, sim. Mas ele nos lava por uma razão: para que possamos voltar a ser retratos de sua bondade e ser exibidos em sua galeria.

Não foi isso que Jesus fez com Pedro?

O relacionamento de Jesus com o apóstolo começou no mar da Galileia, três anos antes da crucificação. Pedro, um pescador, tinha pescado durante a noite toda com seus amigos. Jesus, um carpinteiro, tinha pregado na praia durante a manhã toda. Os pescadores estavam sem peixes e sem saber o que fazer. Jesus os instruiu a lançar suas redes. Pedro e os outros poderiam ter ignorado a instrução. Estavam cansados. Queriam descansar. Além disso, Jesus trabalhava com madeira, não com redes.

Mesmo assim, para o mérito de Pedro, ele aceitou a sugestão e quase machucou a coluna ao recolher as redes cheias (Lucas 5:1-7). E assim começou a amizade rochosa entre Jesus e Pedro. "Rochosa" porque ela teve muitos altos e baixos. Mas nenhum momento foi mais baixo do que a noite em que Pedro quebrou sua promessa a Jesus.

Isso aconteceu na véspera da crucificação. Cristo tinha dito aos seus seguidores que todos eles o abandonariam.

> Pedro declarou: "Ainda que todos te abandonem, eu não te abandonarei!" Respondeu Jesus: "Asseguro-lhe que ainda hoje, esta noite, antes que duas vezes cante o galo, três vezes você me negará". Mas Pedro insistia ainda mais: "Mesmo que seja preciso que eu morra contigo, nunca te negarei". E todos os outros disseram o mesmo. (Marcos 14:29-31)

A determinação de Pedro não durou muito. Quando os romanos prenderam Jesus, Pedro e os outros seguidores fugiram como cachorros escaldados. Pedro conseguiu juntar coragem para voltar para o processo encenado, mas não teve coragem para entrar no pátio. "Pedro o seguiu de longe até o pátio do sumo sacerdote. Sentando-se ali com os guardas, esquentava-se junto ao fogo" (v. 54). Graças ao fogo, seu corpo se aqueceu. Graças ao seu medo, seu coração esfriou. Quando confrontado sobre sua associação com Jesus, Pedro negou, dizendo jamais ter conhecido o homem.

> Ele começou a se amaldiçoar e a jurar: "Não conheço o homem de quem vocês estão falando!" E logo o galo cantou pela segunda vez. Então Pedro se lembrou da palavra que Jesus lhe tinha dito: "Antes que duas vezes cante o galo, você me negará três vezes". E se pôs a chorar. (vs. 71-72)

Imagino que, a partir daquele dia, o som do canto de um galo embrulhava seu estômago.

Cristo foi para a cruz e morreu. Pedro foi para as sombras e se escondeu. A sexta-feira foi trágica. O sábado foi silencioso. Mas o domingo? Cristo colocou seu calcanhar na cabeça de Satanás, a serpente da morte, se levantou e saiu do túmulo. Quando as seguidoras viram o túmulo vazio, o anjo lhes disse:

"Não tenham medo", disse ele. "Vocês estão procurando Jesus, o Nazareno, que foi crucificado. Ele ressuscitou! Não está aqui. Vejam o lugar onde o haviam posto. Vão e digam aos discípulos dele e a Pedro: 'Ele está indo adiante de vocês para a Galileia. Lá vocês o verão, como ele lhes disse'". (Marcos 16:6-7)

Você viu o que acabei de ver? Pedro tinha amaldiçoado o próprio nome de Jesus. No entanto, o anjo, sem dúvida instruído por Cristo, disse às mulheres: "Garantam que Pedro receba a mensagem. Não permitam que ele perca isso. Não permitam que ele se exclua. Não permitam que ele pense nem por um segundo que ele não está qualificado". É como se o céu inteiro tivesse assistido à queda de Pedro. Agora, o céu inteiro queria ajudá-lo a se reerguer.

Quando eu tinha seis anos, meu irmão e eu resolvemos brincar de pega-pega correndo pelos corredores de um supermercado. Mamãe nos mandou parar, mas não ouvimos. Lembro-me de dobrar uma esquina e levantar os olhos a tempo para ver uma pilha de jarros de mel no meio do caminho. Eu me choquei contra ela sem pisar no freio. Garrafas voaram por todos os lados — garrafas de vidro de mel! Os compradores pararam e olharam. O gerente da loja apareceu.

"Vocês são os garotos de quem?", ele esbravejou.

Lá estava eu, sentado no chão, coberto de mel. Olhei para o mel. Olhei para o gerente. Perguntei-me quantos anos eu passaria na prisão. Então, atrás de mim, ouvi a voz da nossa mãe. "Ele pertence a mim", ela disse. "Nós vamos limpar essa bagunça". Jesus sentiu o mesmo em relação a Pedro. "Ele pertence a mim. Eu consigo limpar essa bagunça".

A limpeza ocorreria às margens do mar da Galileia. Pedro e os outros seguidores viajaram os 120 quilômetros até o mar. Por razões desconhecidas, eles voltaram a pescar. E "naquela noite não pegaram nada" (João 21:3). De novo, nenhum peixe. Como é que pescadores profissionais, criados à beira desse mesmo mar, podiam passar uma noite inteira na água sem pegar nadinha de nada? E como é possível que o estranho na praia soubesse mais sobre a pesca do que eles?

> Ao amanhecer, Jesus estava na praia, mas os discípulos não o reconheceram. Ele lhes perguntou: "Filhos, vocês têm algo para comer?" "Não", responderam eles. Ele disse: "Lancem a rede do lado direito do barco e vocês encontrarão". Eles a lançaram, e não conseguiam recolher a rede, tal era a quantidade de peixes. (vs. 4-6)

Existe uma palavra em aramaico para *déjà vu*? Certamente os discípulos se lembraram de outra noite de labuta improdutiva nesse mesmo mar. Os inúmeros lançamentos das redes. Seu mergulho na água. Como o cair do Sol cedeu à noite. Como as estrelas saíram e os peixes permaneceram nas profundezas. Finalmente, o Sol raiou.

Naquela manhã, como nesta também, o não pescador pediu que tentassem mais uma vez. Foi o que fizeram. O que aconteceu então, aconteceu de novo. A rede estava cheia de peixes prateados. De repente havia uma abundância de peixes, tudo por causa da dica de um estranho. "Eles não conseguiam recolher a rede, tal era a quantidade de peixes" (v. 6). Isso era tudo de que João precisava. O estranho na praia deixou de ser um estranho para ele. "O discípulo a quem Jesus amava disse a Pedro: 'É o Senhor!' Simão Pedro, ouvindo-o dizer isso, vestiu a capa, pois a havia tirado, e lançou-se ao mar" (v. 7).

Pedro se jogou no mar como um míssil. Ele nadou até a praia e, quando se aproximou de Jesus, adivinhe o que ele viu? "Uma fogueira"

(v. 9). Na última vez em que os evangelhos tinham mencionado uma fogueira, Pedro estava próximo dela, xingando como um marinheiro e negando o nome de Cristo.

Acredito que essa fogueira era o jeito de Jesus de dizer: "Sei o que você fez. Precisamos conversar". Imaginamos Jesus explodindo na cara de Pedro, revirando o passado, lembrando as promessas que Pedro quebrou, invocando cada "Eu não lhe disse?". Ele poderia ter usado sua mão perfurada para apontar um dedo acusador: "Você aprendeu sua lição, Pedro?". Um rosnado divino teria sido apropriado. Mas não. Só isso: "Venham comer" (v. 12). Jesus já tinha preparado o café.

Quem teria imaginado esse convite? Poucos dias antes, Cristo tinha morrido como oferta pelo pecado da humanidade. Ele deu um golpe no diabo e transformou cada túmulo numa morada de curto prazo. Com confete na mão e se preparando para um desfile de vitória, os anjos do céu estavam prontos para celebrar. Mas a festa teria que esperar. Jesus queria fritar peixes para seus amigos. Ele queria restaurar o coração e o ministério de Pedro. Ele percebeu as camadas de culpa e vergonha no coração do seu amigo. Como que com um cotonete da graça, ele começou a retirá-las.

Assim, após terem tomado o café da manhã, Jesus disse a Simão Pedro: "Simão, filho de João, você me ama realmente mais do que estes?" (v. 15). Eu imagino o gesto de Jesus apontando para os outros discípulos ao fazer essa pergunta. Pedro tinha dito que sim. "Ainda que todos te abandonem, eu nunca te abandonarei" (Mateus 26:33). Mas Pedro caiu, pública e dolorosamente. Assim Jesus o restaurou pública e pessoalmente. Pedro negou o Senhor três vezes. Como resposta a isso, o Senhor lhe fez três perguntas:

"Você me ama mais do que estes?" (João 21:15).

"Você realmente me ama?" (v. 16).

"Você me ama?" (v. 17).

Pedro aproveitou a oportunidade para se arrepender de cada negação com uma confissão.

"Eu te amo" (v. 15).

"Eu te amo" (v. 16).

"Eu te amo" (v. 17).

Jesus usou uma palavra forte para amor: *agape*. Pedro respondeu com uma palavra mais modesta para amor, que significa "afeto". Ele não se gabaria mais. Seu coração era honesto. Assim, Cristo restaurou Pedro com três comissões pessoais:

"Cuide dos meus cordeiros" (v. 15).

"Pastoreie as minhas ovelhas" (v. 16).

"Cuide das minhas ovelhas" (v. 17).

Jesus tinha trabalho para Pedro, rebanhos para Pedro pastorear. O apóstolo estava desencorajado, mas não desqualificado.

E você? Você se encontra em algum lugar entre as duas fogueiras? Suas trapalhadas e seus tropeços o deixaram questionando seu lugar no plano de Deus? Se esse for o caso, permita que essa história faça você se lembrar de que Cristo ainda não terminou contigo. Você pode estar abatido, mas não está fora do jogo. Você pode estar se sentindo só, mas não está sozinho. Jesus foi em uma missão de busca e resgate por Pedro. Ele fará o mesmo por você. Jesus impede você de cair (Judas 24). Que tal um café da manhã?

Jesus é o herói aqui. Ele é aquele que encontrou Pedro, chamou Pedro, orquestrou a pesca para Pedro, fez a fogueira para Pedro, preparou o café da manhã para Pedro, aceitou a confissão de Pedro e comissionou Pedro mais uma vez. Se a distância entre Cristo e Pedro consistiu em cem passos, Jesus deu 99 passos e meio desses cem.

Ainda assim, Pedro teve que dar o seu passo.

Ele foi instruído a se encontrar com Jesus na Galileia. Ele foi.

Ele ouviu que Jesus estava na praia. Ele pulou na água.

Cristo lhe fez perguntas. Ele respondeu.

Ele obedeceu. Ele respondeu. Ele interagiu. Em outras palavras, ele permaneceu em comunhão com Cristo.

Você desejará fazer tudo, menos isso. Fracasso gera negação. E a negação deseja evitar aquele de quem precisamos. Não ceda a esse desejo. Vá na direção de Jesus. Fale com Jesus, ouça quando ele falar com você. Obedeça a ele.

Para alguns de vocês, restauração é o milagre de que precisam. Vocês admiram a história do cego que voltou a ver ou do paralítico que voltou a andar. Você se inspira com a abundância de pão e os jarros transbordantes de vinho. Mas o que você precisa é de restauração. Jesus quer dar isso para você.

Ele certamente me restaurou. Mais vezes do que consigo contar, tenho visto Jesus me esperando na praia. Em uma dessas ocasiões, ele se pareceu bastante com minha esposa. A história começou com a compra de um novo celular. Eu tinha feito um *upgrade* de um celular dobrável para um smartphone com acesso à internet. Sempre tive muito cuidado com a internet. Assusta-me o pensamento de que estou sempre a um clique de ver imagens de mulheres que não tenho direito de ver. Por isso, instalei filtros em tudo que possuo.

Bem, mas, tratando-se do meu primeiro smartphone, não fui muito esperto. Eu o levei para o meu escritório, abri o pacote e o conectei à tomada. "Uau, consigo acessar notícias, esportes, meus e-mails, tudo no meu celular!", pensei. Mas logo me perguntei: *Esse aparelho está protegido?*

O que eu deveria ter feito: seguir o corredor e entregar o celular à nossa equipe técnica. Mas o que fiz foi: digitei algumas palavras que permitiriam a um aparelho não protegido o acesso a um mundo imoral. Numa questão de segundos, ela apareceu na tela. Eu não olhei muito tempo, mas qualquer tempo é tempo demais.

Desliguei o celular, guardei-o no bolso e me reclinei em minha cadeira. "O que você acabou de fazer?", eu me perguntei. Decidi instalar um filtro. Mas, quando chamei a equipe técnica, ela já tinha encerrado seu turno. Assim, fui para casa.

Embora já tenha passado quase uma década desde aquela noite, eu me lembro vividamente dela. Denalyn estava cozinhando. Entrei na cozinha e esvaziei meus bolsos sobre o armário. Ela viu meu novo celular e o pegou.

"Ah! Um celular novo?" Ela ligou a tela e, para o meu horror, a imagem ainda estava lá.

A dor no rosto dela rompeu meu coração. Minha explicação foi escorregadia e rasa. Uma nuvem densa se assentou sobre a noite. Tentamos conversar, mas as emoções estavam à flor da pele. Quando saí da cama, o céu ainda estava escuro. Como minha alma.

Entrei no banheiro e liguei a luz. Foi quando percebi que Denalyn já estava acordada. Ela não estava no banheiro, mas eu sabia que ela estivera lá. No espelho, com seu batom, ela tinha desenhado um coração de um metro de altura. No centro, ela tinha escrito as palavras: "Eu te perdoo. Eu te amo".

Pedro recebeu um café da manhã na praia. Max recebeu batom no espelho. Ambos recebemos graça. Graça pura.

Ninguém passa pela vida sem fracasso.

Ninguém passa. Pedro não passou. Jacó não passou. O rei Davi não passou. Salomão não passou. Eu não passei e você também não passará. Em cada um de nós existe a capacidade de fazer exatamente aquilo que decidimos evitar. Em algum momento, os touros interiores derrubam o coral, e nós — por um momento, um dia ou uma década — corremos desenfreados.

Se isso aconteceu com você, lembre-se do café da manhã na praia.

Quando isso acontecer com você, lembre-se do café da manhã na praia.

Jesus ainda dá o que ele deu a Pedro: restauração completa e total.

Mais tarde, Pedro fez o sermão inaugural da igreja. No dia de Pentecostes, ele teve o privilégio de apresentar a proclamação inicial do evangelho. Quando o imaginarmos na frente da multidão em Jerusalém, lembremo-nos também de que, menos de dois meses antes, ele estava diante da fogueira. Alguém pode transformar um Pedro negador em um Pedro proclamador? Jesus pode.

Foi o que ele fez naquele tempo.

É o que ele faz ainda hoje.

CAPÍTULO 12
Creia, apenas creia

Talvez você consiga imaginar um homem de meia-idade bancando o pateta na piscina de um hotel. Sua filha de quatro anos está à beira da piscina e olha. A mãe dela está sentada numa cadeira e suspira. Outros hóspedes observam o homem e questionam sua sanidade mental — isto é, só se nunca fizeram o que ele está fazendo. Os outros se identificam.

Não é fácil convencer uma criança a pular na piscina. Eu acreditava que a hora tinha chegado para Jenna dar o salto. Ela não tinha tanta certeza. Estava parada à beira da piscina. Os dedos de seus pés se agarravam ao concreto, os braços abraçavam o peito enquanto ela observava seu pai que demonstrava cada truque de nado aquático, acrobático, subaquático e sincronizado que conhecia.

"Veja, é divertido!", eu dizia e flutuava de costas, ou descia até o fundo, ou fingia ser uma baleia e nadava até a beira oposta. Eu realmente queria que Jenna saltasse, nadasse e entrasse no maravilhoso mundo da água. Eu cresci na vizinhança de uma piscina pública, onde 25 centavos lhe rendiam um dia de verão cheio de mergulhos e brincadeiras que transformavam nossos dedos em barbatanas.

"Eu vou te segurar!", eu disse à Jenna. "Você vai adorar!", eu disse à Jenna. "Confie em mim!", eu disse à Jenna. E finalmente ela confiou.

Pulou. Saltou. Deu o passo. Ela passou da "beira da piscina" para "dentro da piscina".

Eu a peguei, como tinha prometido.

Ela sobreviveu, como eu tinha prometido.

E ela adorou — porque acreditou.

Nós pregadores tendemos a complicar essa coisa da fé. Aprofundamo-nos em questões técnicas, buscamos precisão. Somos conhecidos por escrever artigos sobre o momento exato da salvação e as evidências do arrependimento. Discutimos e discutimos de novo o que precisa ser conhecido e o que precisa ser feito.

Pode chamar-me de simples, mas acredito que Deus é um bom Pai. Acredito que ele sabe algo sobre a vida. E acredito que ele nos convida a dar o passo, o salto, o mergulho — não na piscina, mas num relacionamento com ele que seja vibrante, alegre e, sim, divertido! Nem sempre é fácil, admito isso. Mas certamente vale correr o risco e, de qualquer forma, é melhor do que uma vida numa cadeira à beira da piscina.

Não tenho motivo para pensar que João sabia algo sobre como convencer uma criança a nadar. Mas gosto de imaginar que ele aprovaria essa minha ilustração para a fé. Seu evangelho poderia muito bem ter o subtítulo "Para que você creia".

Por que falar do milagre que transformou água em vinho? Para que você creia que Jesus pode restaurar o que a vida tomou de você. Por que falar da fé de um nobre? Para que você creia que Jesus ouve nossas orações, mesmo quando você acha que não. Para que falar do homem paralítico que pegou sua esteira ou do homem cego que lavou a lama dos seus olhos? Para que você creia num Jesus que vê uma nova versão nossa e nos dá visão. Por que andar sobre a água, alimentar multidões e ressuscitar os mortos? Para que você creia que Deus ainda acalma as tempestades da vida, ainda resolve os problemas da vida e ainda devolve os mortos à vida.

Você precisa da graça? A obra de redenção de Jesus ainda está consumada. Precisa da certeza de que tudo isso é verdade? O túmulo ainda está vazio. Precisa de uma segunda chance? A fogueira ainda arde na praia da Galileia.

Todos esses eventos se unem em uma só voz, encorajando você, incentivando você a acreditar que esse Deus que opera milagres se importa com você, luta por você e vem ao seu socorro.

Esses milagres em sua vida são o que jogadores de basquete e os fãs desse esporte eram para Lucas, um jogador jovem cujo sonho se realizou no último jogo do ano.

Lucas aprende num ritmo diferente do de outros garotos do Ensino Fundamental. Ele se desenvolve mais lentamente do que seus colegas. Mas ele tem um sorriso cativante e um coração puro que faz com que todos que o conhecem o adorem.

Quando o pastor da igreja formou um time de basquete, Lucas se inscreveu. Enquanto os outros praticavam dribles e bandejas, Lucas jogava a bola na cesta da linha de lançamento livre. Ela raramente entrava, mas, quando entrava, Lucas levantava os braços e gritava: "Olha para mim, treinador! Olha para mim!". O técnico olhava para ele e sorria.

O time não se saiu muito bem naquela temporada. Ganhou um único jogo. E a vitória tinha sido a consequência de uma tempestade de neve que impediu que o outro time comparecesse. O último jogo do ano foi contra a melhor equipe da liga. Acabou assim que começou. No fim do primeiro tempo, o time de Lucas estava perdendo por quase trinta pontos. Foi então que um dos garotos pediu tempo.

"Treinador", ele disse, "este é nosso último jogo, e Lucas nunca fez uma cesta. Acho que devemos colocá-lo em campo".

O time concordou. O técnico o posicionou perto da linha de lançamento livre e o instruiu a esperar. Lucas estava entusiasmado. Ele ficou em sua posição. Quando lhe passaram a bola, ele arremessou e errou.

Um jogador do outro time recuperou a bola e fez uma cesta fácil. Lucas recebeu a bola de novo. Ele lançou e errou de novo. Mais uma vez, o outro time fez uma cesta fácil.

Aos poucos a outra equipe começou a perceber o que estava acontecendo. Quando entenderam, entraram na ação. Começaram a jogar a bola para Lucas. Ele continuou errando; então, os jogadores de ambos os times começaram a jogar a bola para ele. Em breve a plateia inteira estaria torcendo para que Lucas fizesse a cesta.

O técnico tinha certeza de que o tempo tinha acabado. O jogo precisava já ter terminado. Ele olhou para o cronômetro oficial: estava parado em 4,3 segundos. Até os árbitros estavam participando do esforço. Estavam de pé junto à sua mesa, gritando com a multidão: "Lucas! Lucas!".

Lucas lançou, e lançou. Ele tentou de novo, e de novo, e de novo e, finalmente, milagrosamente, um de seus lançamentos rebateu de forma estranha no aro. Ninguém respirou. A bola caiu na cesta. O ginásio explodiu! Lucas ergueu os braços e gritou: "Ganhei! Ganhei!". Seu time o tirou da quadra, o relógio voltou a funcionar e o jogo terminou.[1]

Vejo um pouco do evangelho nessa história. Vejo uma imagem da dedicação de Deus a você e a mim. Deus quer que ganhemos. Não no basquete, necessariamente, mas em termos de fé, esperança e vida. Ele quer que ganhemos para a eternidade. Ele reúne todas as forças, usa todas as ferramentas e emprega todos os milagres para que você e eu, algum dia, possamos levantar nossos braços vitoriosos ao céu.

Eu posso incentivar você a ver os milagres de Jesus como parte do seu arsenal? Eles eram e são parte do canto coletivo do céu, gritando seu nome e meu nome, encorajando-nos a acreditar.

Ele ainda envia esse convite por meio de milagres.

Um membro amado da nossa congregação tem lutado com uma coluna deformada durante toda a sua vida jovem. Ela tem impedido seu crescimento e sono. Então, quando tinha 20 anos, os médicos descobriram um tumor de rápido crescimento na mesma região. Ele entrou na sala de cirurgia, mas, antes, pediu as orações de muitos de nós. Ele acordou da cirurgia para ouvir o médico dizer, maravilhado: "O que vi no raio X e o que vi na sala de cirurgia foram duas coisas diferentes. Sua coluna está saudável. Não existe tumor. Não tenho uma explicação para isso".[2]

Coincidência? Ou um sinal de Deus para lembrá-lo de sua presença?

Por mais de vinte anos, Mark Bouman foi diretor de um orfanato cristão no Camboja. Ele e sua esposa administravam cada detalhe da missão, desde a escavação de poços até a assistência a crianças doentes. Os órfãos chamavam Mark de seu "papai", e ele os via como seus filhos. Foi por isso que ficou inconsolável quando ele e sua família tiveram que fugir do Camboja em 1975 por causa de uma revolta. Ele conseguiu chegar à Tailândia em segurança, mas não conseguiu parar de pensar nas crianças. Depois de duas semanas, recebeu uma ligação desesperada de um funcionário do orfanato, implorando para voltar e ajudá-los.

Ele correu para o aeroporto em Bangkok, que se encontrava num estado caótico. Dezenas de pessoas estavam tentando comprar uma passagem para o Camboja. O funcionário da empresa aérea gritava: "Não temos mais passagens!". Mark não soube o que fazer. Então ele percebeu outro guichê da empresa. Ninguém estava na fila. Foi até lá e perguntou à funcionária se ainda havia vagas no voo para o Camboja. "Sim", ela respondeu, "temos uma vaga. Posso ver seu passaporte?" Duas horas mais tarde, Mark pousou no Camboja.[3]

Uma empresa aérea sem ninguém na fila? Uma vaga disponível? Coincidência ou "Cristocidência"?

Ontem de manhã liguei para o departamento de atendimento ao cliente de uma empresa de cartões de crédito. Eu estava tendo um problema com o meu cartão. O problema não era urgente, como mostra o fato de que eu estivera pretendendo fazer a ligação havia dois meses. O item ficava sendo riscado da minha lista de prioridades. Mas, quando fiz a ligação, suspeitei de que algo ou alguém tinha causado o atraso.

Quando informei meu nome, a atendente disse: "Max Lucado? O Max Lucado?".

Existem dois tipos de pessoas que reagem dessa maneira ao meu nome: meus oficiais de condicional e os leitores dos meus livros. Eu esperava que ela fizesse parte do segundo grupo.

Fazia. Ela me contou como meus livros a têm encorajado ao longo dos anos, como ela sempre mantém um deles ao lado da cama e... naquele momento, ela emudeceu. Não conseguia falar. Por um minuto, nenhum de nós disse uma única palavra. Ela chorava silenciosamente. Então conseguiu se recompor e pediu perdão por não ter se comportado como uma profissional. Eu lhe disse que suas lágrimas não me incomodavam. E perguntei o que estava acontecendo.

Ela explicou que tinha acabado de voltar de uma consulta médica na qual foi informada de que sofre de uma insuficiência cardíaca congestiva. A notícia a deixou arrasada. A caminho do escritório, ligou para o marido. Nenhuma resposta. Ligou para o filho. Nenhuma resposta. Ela mal conseguia segurar as lágrimas ao entrar no prédio. Precisando falar com alguém, orou: Senhor, por favor, deixa-me compartilhar meu fardo com alguém. Com qualquer um.

Foi até sua escrivaninha, sentou-se, e eu fui a primeira ligação que ela atendeu.

Quais são as chances? Entre todos os funcionários do atendimento ao cliente, ela foi quem recebeu minha ligação. Eu poderia ter ligado em qualquer outro dia, mas aquele foi o dia em que liguei.

Eu poderia contar inúmeras histórias desse tipo. Explique-as como quiser. Atribua tudo a eventos aleatórios, ou permita que essas histórias alcancem seu propósito desejado: lembrar-nos de que estamos sob os cuidados da ajuda onipresente de Deus.

Não somos cata-ventos entregues aos ventos do destino e do acaso. Somos os filhos de um Deus bom e poderoso que se importa conosco.

A esperança de João era de que acreditássemos, que incrédulos viessem a crer e que crentes continuassem a crer que "Jesus é o Cristo, o Filho de Deus" (João 20:31).

Aí está ela. A esperança de João, a esperança de seu livro — na verdade, a esperança de Deus e a esperança deste livro. Que acreditem não no nosso próprio poder, não na capacidade da humanidade de ajudar a si mesma, não em cartas de tarô ou num bom destino, nem em boa aparência, nem na sorte. Que acreditemos em Jesus. Em Jesus, o Cristo, o Messias, o Ungido; em Jesus, o Filho de Deus.

A mensagem dos milagres é o próprio Milagreiro. Ele quer que você saiba que você nunca está só. Você nunca está sem ajuda, esperança ou força. Você é mais forte do que pensa, porque Deus está mais próximo do que você pode imaginar.

Ele quer que você saiba:

Eu sei tudo sobre você (Salmos 139:1).

Sei quando você se senta e quando se levanta (Salmos 139:2).

Contei os fios de cabelo em sua cabeça (Mateus 10:29-31).

Eu o adotei como membro da minha família (Romanos 8:15).

Antes de ser um pontinho no ventre de sua mãe, eu o conheci (Jeremias 1:4-5).

Você é ideia minha, e eu só tenho ideias boas (Efésios 1:11-12).

Você não viverá um dia a mais ou a menos do que eu pretendo (Salmos 139:16).

Eu amo você como meu próprio filho (1João 3:1).

Eu cuidarei de você (Mateus 6:31-33).

Comigo não existe essa coisa de "ame-o e largue-o". Eu amo você com um amor eterno (Jeremias 31:3).

Não consigo parar de pensar em você (Salmos 139:17-18).

Você é meu bem precioso (Êxodo 19:5).

Vamos fazer grandes coisas juntos (Jeremias 33:3).

Nada poderá separar você do meu amor (Romanos 8:38-39).

Comecei este último capítulo com uma história de pai. Posso concluí-lo com outra?

Quando minhas filhas eram pequenas, transformei em hábito trazer um presente para cada uma quando voltava de uma viagem. Eu entrava pela porta e gritava: "O papai chegou!", e elas vinham correndo para me abraçar. Eu não me importava quando me perguntavam: "O que você trouxe para nós?". Eu não ficava magoado quando elas pegavam seu novo brinquedo e desapareciam para brincar. Em algum momento antes de dormir, após tomarem banho e já estarem de pijama, elas subiam em meu colo. Então líamos um livro ou eu lhes contava uma história, e logo elas caíam no sono. Eu sabia que não eram meus presentes que lhes traziam conforto. Era minha presença.

Que Deus abençoe sua vida com mais milagres do que você possa contar. Que sua água se transforme num cabernet. Que suas tempestades escuras se transformem no sol da primavera. Que ele alimente milhares e milhares por meio de sua cesta de piquenique de fé. Que você possa andar como o paralítico curado, ver como o homem cego, viver como Lázaro. Que você possa residir na graça da cruz, na esperança do túmulo vazio e na garantia do poder restaurador. Mas, acima de tudo, que você possa crer — crer que Deus é sua ajuda onipresente.

E que, nessa presença, você possa encontrar descanso.

Perguntas para refletir

PREPARADAS POR ANDREA LUCADO

CAPÍTULO 1

Nós não podemos, mas Deus pode

1. O que você pensa sobre milagres?
   - Você acredita nas histórias de milagres da Bíblia?
   - Por quê? Ou por que não?
   - Você acredita que milagres acontecem nos dias de hoje?
   - Você testemunhou ou vivenciou um milagre?
   - Se sua resposta for "sim", conte a história.
   - Se sua resposta for "não", você conhece alguém que alega ter testemunhado ou vivenciado um milagre? Quais eram as circunstâncias?

2. Dos milagres registrados nas Escrituras, qual é seu favorito?
   - O que nesse milagre o deixa intrigado?
   - O que esse milagre diz sobre os sentimentos de Jesus pelos outros?

3. O que, segundo Max, é único no Evangelho de João? Se você tivesse sido um discípulo de Jesus e estivesse escrevendo seu próprio evangelho sobre a vida dele, qual teria sido seu foco? Por quê?

4. João 20:30-31 diz: "Jesus realizou na presença dos seus discípulos muitos outros sinais miraculosos, que não estão registrados neste livro. Mas estes foram escritos para que vocês creiam que Jesus é o Cristo, o Filho de Deus e, crendo, tenham vida em seu nome".
- Imagine os milagres que não foram registrados nas Escrituras. Imagine as pessoas curadas, perdoadas, salvas. Quem é você nessa cena?
- Segundo Max, como é a "vida em seu nome"? (Cf. a p. 16)

5. Que mais os milagres de Cristo nos prometem? Como isso afeta sua fé?

6. A mulher que Max descreve no início do capítulo disse: "Sou apenas eu, e eu não sou lá muita coisa".
- Alguma vez você já se sentiu assim? Se sua resposta for "sim", quais circunstâncias o fizeram sentir-se assim?
- Existe alguma área em sua vida na qual você se sente só? Descreva a situação ou os eventos que levaram a isso. Como essa solidão tem afetado você?
- Como essa solidão tem afetado sua fé?
- Quais palavras você usaria para descrever essa estação solitária?

7. Max cita um estudo do Parkland Hospital em Dallas. O que esse estudo descobriu?
- Como você reagiu a essa informação? Ela o surpreendeu? Por quê? Ou por que não?

- Você testemunhou solidão em sua família ou em grande escala em sua cidade ou vizinhança? Dê alguns exemplos.
- O estudo do hospital revelou que esses pacientes só queriam saber que alguém se importava (p. 19). De que maneira você se identifica com esse sentimento?

8. Max pergunta: "Você acredita num Jesus que tem não só poder, mas também amor pelos fracos e feridos do mundo? Você acha que ele se importa o suficiente com você para encontrá-lo nas solitárias salas de espera, nos centros de recuperação e nas casas de repouso da vida?" (p. 19).
- Como você responderia a essas perguntas?
- Quais experiências pessoais levaram você a essa crença no Jesus de poder e amor?

9. Preencha as lacunas: "E teremos cuidado, ah, muito cuidado para ver os sinais como João quis que os víssemos, não como registros _____, mas como exemplos do _____ de Deus" (p. 17).
- Explique a afirmação acima.
- O que você espera aprender sobre Jesus neste livro?
- O que você espera aprender sobre milagres?
- O que você espera aprender sobre si mesmo?

10. O Evangelho de Mateus termina com estas palavras de Jesus: "E eu estarei sempre com vocês, até o fim dos tempos" (Mateus 28:20).
- Imagine que você é João ouvindo Jesus dizer-lhe essas palavras. Como você se sentiria?
- O que essa promessa significa para você hoje?

11. Releia João 20:30-31.
    - Qual expressão nesses versículos é a mais significativa para você? Por quê?
    - Quando João promete que crer é um ato que leva à "vida em nome de Jesus", o que você acha que ele tenta comunicar? O que significa "vida em seu nome" para você?

CAPÍTULO 2

Ele vai repor o que a vida levou

1. Leia a história do primeiro milagre de Jesus em João 2:1-12. Na sua opinião, qual é o propósito desse milagre?

2. Imagine a cena descrita na passagem citada.
   - O que faltava aos convidados nessa história?
   - Qual foi a reação inicial de Jesus à Maria no versículo 4, quando ela lhe disse que o vinho tinha acabado?
   - Por que ele reagiu daquela forma?
   - Por que, na sua opinião, Maria considerava a falta de vinho um problema urgente o suficiente para levá-lo a Jesus?

3. Inicialmente, Jesus não quis realizar esse milagre, dizendo: "Que temos nós em comum, mulher? A minha hora ainda não chegou" (João 2:4). O

que Jesus quis dizer com "minha hora ainda não chegou"? Maria reagiu voltando-se para os servos e instruindo-os: "Façam tudo o que ele lhes mandar" (v. 5).

- Por que Maria interveio?
- O que você acha que Maria sabia sobre Jesus? Referindo-se a essa passagem, Max diz: "*Tudo* significa tudo. Tudo o que ele disser, tudo o que ele mandar. Mesmo que seu "tudo" seja *nadinha de nada*, façam" (p. 30). Alguma vez você hesitou em levar uma necessidade até Jesus porque estava preocupado com o que "tudo" significaria para você? Descreva qual foi (ou é) essa necessidade.

4. Preencha a lacuna: "Não andem ansiosos por coisa alguma, mas _____, pela oração e súplicas, e com ação de graças, apresentem seus pedidos a Deus" (Filipenses 4:6). Com base nesse versículo, o que *não* devemos apresentar a Deus em oração?

5. O que é que está lhe faltando neste momento? Tempo? Saúde? Dinheiro? Como essa falta afeta seu dia a dia, seu relacionamento com os outros e sua fé? Você apresentou essa necessidade a Cristo? Por quê? Por que não?

- Se você apresentou essa necessidade a Cristo em oração, qual tem sido a resposta?
- Se você não a apresentou, reflita sobre o que pode estar impedindo você de fazê-lo. O que impede você?

6. Eventualmente, Jesus satisfez a necessidade dos convidados do casamento naquela noite. Qual é a explicação de Max para a decisão de Jesus de providenciar o vinho produzido por um milagre? (Cf. p. 27)

7. Qual era a qualidade do vinho que Jesus produziu? (Cf. João 2:9-10.)
- Jesus poderia ter feito menos vinho. Ele poderia ter feito um vinho de qualidade inferior. Como disse o mestre de cerimônias: "Todos servem primeiro o melhor vinho e, depois que os convidados já beberam bastante, o vinho inferior é servido; mas você guardou o melhor até agora" (João 2:10). É provável que muitos nem perceberam a qualidade do vinho naquela noite. Por que, então, Jesus realizou o milagre daquela forma?
- O que essa história lhe diz sobre como Jesus responderá às suas necessidades?

8. Em sua carta aos Efésios, Paulo escreveu: "Àquele que é capaz de fazer infinitamente mais do que tudo o que pedimos ou pensamos, de acordo com o seu poder que atua em nós, a ele seja a glória na igreja e em Cristo Jesus, por todas as gerações, para todo o sempre! Amém!" (Efésios 3:20-21).
- Alguma vez você já deu mais do que um ente querido pediu? Talvez você tenha dado a um neto dois biscoitos em vez de um, ou deu dinheiro ao seu filho para encher o tanque *e* comprar um refrigerante, ou ajudou uma amiga na mudança e ainda ficou para auxiliar a pendurar as cortinas.
- Por que você deu em abundância? O que o levou a ir além do pedido? Como esse presente fez você se sentir?
- Se você pode dar em abundância àqueles à sua volta com os recursos que tem como ser humano, o que acha que o Deus do universo é capaz de lhe dar quando você apresenta suas necessidades a ele?

CAPÍTULO 3

A longa jornada entre oração oferecida e oração respondida

1. Você está esperando pela resposta de uma oração? Explique sua oração e contemple quais poderiam ser as razões de Deus para lhe dar um tempo de espera.

2. Imagine-se na estrada. O ponto de partida é sua oração oferecida. O destino é essa oração respondida. Em que parte da estrada você se encontra hoje? Como tem sido essa jornada para você?

3. Leia João 4:46-47.
   - Qual era a distância entre Cafarnaum e Caná? (Cf. a p. 37)

- Por que, em sua opinião, o oficial viajou tão longe para ver Jesus?
- O que o oficial fez com Jesus no versículo 47?
- Alguma vez você já implorou a Deus por algo? O que era? Por que você se sentiu desesperado a ponto de implorar?
- Se Deus não respondeu à sua oração do jeito que você quis, isso afetou sua fé? Por quê? Ou por que não?

4. Como Jesus respondeu ao pedido do oficial em João 4:48?
- Segundo Max, qual é uma razão possível para a reação de Jesus? (Cf. p. 38)
- Como o oficial respondeu a Jesus em João 4:49? Você teria reagido da mesma forma? Por quê? Ou por que não?

5. João 4:50 diz: "Jesus respondeu: 'Pode ir. O seu filho continuará vivo'. O homem confiou na palavra de Jesus e partiu".
- Quais emoções ou pensamentos você teria tido naquela jornada de 27 quilômetros de Caná até sua casa em Cafarnaum?
- Quais emoções ou pensamentos você tem tido em sua jornada atual desde que ofereceu sua oração pela primeira vez?
- Qual é a diferença entre a jornada do oficial e a sua?

6. Com base na pergunta anterior, de que forma você responderia a esta pergunta: "Como caminhamos por fé quando não conseguimos ainda enxergar a solução?" (p. 40).

7. Salmos 46:1 diz: "Deus é o nosso refúgio e a nossa fortaleza, auxílio sempre presente na adversidade".
- Que tipo de ajuda Deus nos dá quando estamos com problemas?

- Descreva uma ocasião em que você esteve ciente da onipresença de Deus. Como você vivenciou essa presença? Como ela afetou sua força, ou confiança, ou alegria?
- Se você não vivenciou o Deus onipresente, pare para pensar: algum amigo ou ente querido esteve próximo de você durante um período difícil? Como ter a presença dessa pessoa fortaleceu você em meio à dificuldade?

8. Leia o resto da história do oficial em João 4:51-53.
   - Além de curar o filho do oficial, qual foi o resultado desse milagre?
   - Alguma vez você viu um propósito maior para sua jornada entre oração oferecida e oração respondida?
   - Alguma vez Deus revelou um plano diferente enquanto você esperava por resposta à sua oração? Se sua resposta for "sim", como você reagiu inicialmente a esse plano? Em retrospectiva, você reconhece seu propósito nesse plano?

9. Jesus disse ao oficial: "Pode ir. O seu filho continuará vivo!" (João 4:50). Como o oficial reagiu? Como você poderia reagir a Jesus de maneira semelhante? Sem saber o que o aguarda em sua jornada de espera, sem saber se Deus responderá à sua oração da maneira que você deseja, como você poderia acreditar naquilo que Jesus disse nas Escrituras e continuar sua viagem para casa?

CAPÍTULO 4

Levante-se, pegue a sua maca e ande

1. No início do capítulo 4, Max sugere que todos já estivemos presos: "Afundado na lama do ressentimento, esmagado por dívidas, preso no beco sem saída de sua carreira, preso no pântano de um conflito sem solução. Preso" (p. 48).
- Existe alguma área em sua vida hoje na qual você se sente preso?
- Se estiver preso, de que modo você está preso e por quanto tempo tem se sentido assim?
- Por que você está preso nessa área específica da sua vida?

2. Mateus 9:35-36 diz: "Jesus ia passando por todas as cidades e povoados, ensinando nas sinagogas, pregando as boas novas do Reino e curando todas as enfermidades e doenças. Ao ver as multidões, teve compaixão delas, porque estavam aflitas e desamparadas, como ovelhas sem pastor".

- Alguma vez você se sentiu como a multidão descrita nessa passagem? Enfrentando um problema tão grande, que você não sabia o que fazer ou para onde correr? Descreva como isso foi para você e como isso afetou sua sensação de estar preso.
- Existe uma área de "prisão" em sua vida hoje? Explique.
- Pensando naquilo em que você se sente preso hoje ou no que você se sentia preso no passado, onde você pôde encontrar ajuda?

3. Leia João 5:1-6.
- O homem paralítico estava inválido havia quanto tempo?
- Como você se sentiria se estivesse sofrendo da mesma doença ou luta por 38 anos?
- Qual foi o período mais longo de sofrimento ou doença que você suportou? O que causou esse período de sofrimento?
- Como o sofrimento afetou sua vida, suas emoções e sua fé?
- Qual foi a pergunta que Jesus fez ao paralítico no versículo 6?
- Como o paralítico respondeu?
- Se Jesus lhe fizesse a mesma pergunta sobre a situação em que você se sente preso, como você responderia?

4. Max formula a pergunta de Jesus de maneira diferente: "Está pronto para ser liberto?" (p. 51).
- Quais são algumas razões pelas quais uma pessoa possa querer permanecer presa?
- Alguma vez você já permaneceu preso embora soubesse que existia uma saída? Por que decidiu permanecer preso?

5. O que Jesus disse ao paralítico em João 5:8?

6. Max identifica três ações a serem tomadas no versículo 8 quando você se sentir preso. Segundo Max, o que significam essas ações?
- Levante-se:
- Pegue a sua maca:
- Ande:

Considerando a área em que você se sente preso hoje, como você poderia:
- levantar-se?
- pegar a sua maca?
- andar?

Qual desses três passos é o mais difícil para você, e por quê?

7. Max conta a história de Barbara Snyder, uma ginasta talentosa que adoeceu e foi milagrosamente curada. Max escreve: "Cristo realizou o milagre. Cristo interveio". Mas o que Bárbara teve que fazer? (Cf. p. 53)

8. Preencha a lacuna: "Acredite no Jesus que acredita em você _____". Muitas vezes, nossa "prisão" se torna nossa identidade. Temos medo de avançar, pois quem somos nós sem nosso problema, nossa dor, nossa doença? Mas, como diz Max: "[Jesus] acredita que você é capaz de se levantar, de pegar a sua maca e andar. Você é mais forte do que pensa". Você acredita nisso em relação a si mesmo? Por quê? Ou por que não?

9. Como o viúvo sobre o qual Max escreve no fim deste capítulo, anote alguns dos seus "Eu não posso" numa folha de papel. Contemple sua lista.
- Há quanto tempo alguns desses "Eu não posso" fazem parte da sua vida?
- Você tem o poder de mudar quantos deles?
- Você tem medo de mudar quais deles?

VOCÊ NUNCA ESTÁ SÓ

- Agora enterre sua lista, ou queime-a, ou jogue-a no lixo. Faça algo que simbolize fisicamente que você não é mais impedido por esses "Eu não posso". Você pode entregá-los a Deus.

CAPÍTULO 5

Nós podemos resolver isso

1. Que problema pequeno ou comum facilmente esmaga ou frustra você? Trânsito? Pilhas de roupa suja? Uma *inbox* cheia?
   - Como você costuma reagir quando enfrenta esse cenário assustador?
   - Qual aspecto dessa situação assusta você?
   - No passado, quais estratégias você usou para encarar uma situação assustadora?
   - Agora pense num problema sério em sua vida que atualmente parece estar esmagando você.

2. Neste capítulo você leu sobre o milagre de Jesus ao alimentar uma multidão de 5 mil. Max aponta o fato de que, embora 5 mil homens tenham

se reunido naquele dia, esse número não incluía as mulheres e as crianças, o que significa que a multidão pode ter chegado a 15 mil pessoas.

- Qual foi a maior multidão que você já alimentou? Ou qual foi a maior reunião de pessoas da qual você participou e na qual as pessoas foram alimentadas?
- Faça uma lista de todos os passos que seriam necessários para planejar uma refeição para uma multidão e alimentá-la.
- Agora imagine que você teria que alimentar 15 mil pessoas. Que trabalho, planejamento e dinheiro isso exigiria?

3. Em João 6:5, Jesus perguntou a Filipe: "Onde compraremos pão para esse povo comer?". Filipe respondeu: "Duzentos denários não comprariam pão suficiente para que cada um recebesse um pedaço" (v. 7). André respondeu: "Aqui está um rapaz com cinco pães de cevada e dois peixinhos, mas o que é isto para tanta gente?" (v. 9).

- Por que você acha que Filipe respondeu dessa forma?
- Por que você acha que André respondeu dessa forma?
- Se Jesus sabia o que aconteceria, por que você acha que ele fez essa pergunta?
- O que as respostas dos discípulos dizem sobre seu entendimento do poder de Jesus?

4. André e Filipe enfrentaram obstáculos diferentes quando tentaram alimentar a grande multidão na Galileia.

- Qual era o obstáculo mencionado por André?
- Qual era o obstáculo mencionado por Filipe?
- Quais obstáculos você enfrenta em sua situação esmagadora?
- O que precisa ser retirado do caminho para que você supere esses obstáculos?

- Você acredita que tem qualquer poder sobre esses obstáculos? Por quê? Ou por que não?

5. Referindo-se às dúvidas dos discípulos, Max diz: "Eles contaram as pessoas famintas, o dinheiro em seu bolso e a quantidade de pães e peixes. No entanto, não contaram com _____" (p. 62). Preencha a lacuna.
   - Embora conhecessem Jesus, acreditassem nele e tivessem visto seus milagres, por que você acha que os discípulos não se voltaram para Cristo para resolver essa situação?
   - Tente se lembrar de um momento em que você se voltou para Cristo à procura de uma solução para o seu problema esmagador. Explique o problema e a solução.

6. Leia João 6:11-13.
   - Como Jesus satisfaz as necessidades da multidão?
   - Quanto cada um pôde comer?
   - O que o fato de ter sobrado comida lhe diz sobre Jesus e esse milagre?

7. Max diz que esse milagre prova que "Aquilo que nós não podemos fazer, Cristo faz! Os problemas que enfrentamos são oportunidades para Cristo provar esse ponto" (p. 63).
   - O que você acha dessa afirmação?
   - No passado, Cristo resolveu um problema para você de uma maneira que você mesmo não poderia ter feito? Se sua resposta for "sim", como Cristo fez isso?
   - Você acredita que ele pode resolver seu problema hoje? Por quê? Ou por que não?

8. Acreditar que Cristo resolverá seu problema exige criatividade, como exige qualquer solução para um problema. Exige que você veja as coisas não simplesmente como elas são, mas como elas poderiam ser. Faça um exercício de criatividade com qualquer situação ou o problema que você está enfrentando hoje. Faça uma lista de todos os possíveis resultados que parecem impossíveis hoje. Faça uma lista das coisas boas, benéficas e positivas que poderiam acontecer como resultado para o seu problema. Não importa quão louco seja — um corpo curado, um relacionamento reconciliado, um novo emprego que você ame. Anote e abra seu coração e sua mente para o que é possível por meio de Jesus.

CAPÍTULO 6
EU SOU contigo na tempestade

1. Max inicia o capítulo com uma história triste de abuso em sua infância. Quando ele tomou a Comunhão em sua cozinha naquela noite, o que lhe deu a sensação de paz?
   - Você já sentiu a presença de Deus num momento escuro?
   - Caso tenha sentido, como você soube que era a presença de Deus, e como essa presença fez você se sentir?
   - Se você não tem buscado a presença de Deus em momentos escuros, em que você buscou ajuda? O que o impediu de buscar a ajuda de Deus?

2. Preencha a lacuna: "Jesus vem no _____ da queda d'água" (p. 70). O milagre sobre o qual você leu no capítulo 6 prova isso literalmente. Leia João 6:14-17.

- O que os discípulos estavam fazendo nesses versículos?
- Onde estava Jesus?

3. Agora leia João 6:18-19. Até onde os discípulos tinham remado quando viram Jesus se aproximar? De acordo com Mateus 14:24, os discípulos tinham remado até o centro do mar da Galileia. Não havia como voltar em segurança para a praia. Precisavam permanecer na tempestade ou esperar alcançar o outro lado.
- Quais tempestades você tem enfrentado?
- Como você se sentiu no meio delas?
- Como essas tempestades se acalmaram?
- Talvez você se encontre numa tempestade neste momento. Qual é a origem de sua tempestade? Como os discípulos, você está no meio do mar, desamparado enquanto as ondas rugem à sua volta? Ou essa tempestade acabou de começar? Ou as águas já estão se acalmando?

4. Max aponta três lutas diferentes que enfrentamos numa tempestade: estamos longe demais da praia (a solução), já estamos na luta há tempo demais; somos impotentes contra as ondas (o problema). Com qual desses aspectos você já tem lutado ou está lutando hoje em sua tempestade?

5. João 6:19 diz: "[Eles] viram Jesus aproximando-se do barco, andando sobre o mar, e ficaram aterrorizados". Imagine-se nessa situação. Imagine que você é um discípulo que tenta remar o barco até um lugar seguro. Como você se sentiria num barco pequeno, no meio de um lago enorme, no meio de uma tempestade? Agora, imagine-se vendo seu rabino amado. Mas ele não está no barco nem na praia. Ele está sobre a água. Andando.
- O que você sentiria ao ver Cristo nesse momento?
- Quais pensamentos lhe viriam à mente, e por quê?

6. Jesus, já sabendo da confusão dos discípulos, anunciou sua chegada, dizendo: "Sou eu, não tenham medo" (João 6:20).
- Qual é, segundo Max, a tradução literal de "Sou eu"? (Cf. p. 72)
- Por que isso é significativo?
- Logo após contar aos discípulos quem ele é, o que Jesus lhes disse?
- Como você acha que os discípulos se sentiram quando Jesus lhes disse que não deviam ter medo?

7. O que, segundo Max, é a nossa maior necessidade durante uma tempestade? (Cf. p. 73) Você concorda com isso? Por quê? Ou por que não?

8. Leia João 6:21. O que aconteceu quando os discípulos deixaram Jesus entrar em seu barco?

9. Max sugere um cenário interessante na página 75. Imagine-se acolhendo Jesus num período turbulento de sua vida. O que Jesus perceberia? O que você acha que ele diria ou faria?
- No passado, você convidou Jesus a se unir a você em sua tempestade?
- Caso tenha feito isso, como a presença de Jesus alterou seu caos, seu desespero ou sua dor?
- Você hesitou em convidar Jesus nos seus momentos ou estações difíceis?
- O que você precisaria para acreditar em Jesus, seu caráter ou seu poder para acolhê-lo em sua tempestade?

10. Max conta a história de Katherine Wolf, uma ex-modelo que sofreu um AVC gravíssimo, deixando-a severamente debilitada. Embora ela ainda enfrente lutas relacionadas à sua saúde, Katherine encontrou Deus em

sua tempestade, e seu coração e sua mente são mais fortes do que nunca. Se as circunstâncias de sua tempestade permanecessem iguais, mas você acolhesse Jesus em meio a ela, algo mudaria para você? O quê?

11. Releia Isaías 43:1-3,5 na página 73. De qual das promessas feitas nessa passagem você mais precisa hoje? Por quê?

CAPÍTULO 7
Ele dá vista aos cegos

1. Em comparação com os outros milagres registrados por João que você leu até agora, o que é diferente na maneira como João escreveu a história do milagre discutido no capítulo 7? Por que João teria feito isso?

2. Preencha as lacunas: "O que Jesus fez fisicamente com o mendigo cego é aquilo que ele deseja fazer _____ com todas as pessoas: restaurar nossa _____" (p. 80).
- Você já experimentou esse tipo de visão espiritual? Talvez isso tenha acontecido quando você se converteu ou entendeu uma verdade mais profunda sobre Jesus? Descreva como foi esse momento.
- Você estivera cego em relação a que até aquele momento?
- Como foi conseguir ver de maneira nova?
- Talvez você não tenha experimentado isso em sua fé, mas em outra área de sua vida. Alguma vez você chegou a uma compreensão

mais profunda sobre alguém ou algo que abriu seus olhos? Explique como foi essa experiência.
- O que foi preciso para que você enxergasse com clareza?
- Como essa experiência pode conduzi-lo a uma fé mais profunda?

3. Leia João 9:1-2. Qual é a diferença entre a forma como os discípulos viam o homem cego e como Jesus o via? Max diz que essa diferença é a primeira lição que podemos aprender com esse milagre. Qual é a lição?

4. Leia João 9:3-7. Como Jesus curou o cego?
- Por que você acha que ele decidiu curá-lo dessa forma?
- Quais "momentos de lama" — lições difíceis que levaram a um entendimento melhor — você vivenciou em sua vida?
- Como você se sentiu enquanto a lama metafórica estava em seus olhos?
- Por que você acha que Deus nos ensina dessa maneira?
- Talvez você se encontre num "momento lama" neste instante. O que Jesus poderia estar querendo revelar a você?

5. Jesus continuou seu milagre de cura ordenando que o homem cego lavasse seu rosto no tanque de Siloé (João 9:7). Max observa que a caminhada até o tanque teria sido difícil para um homem cego (p. 83). Por que você acha que o homem cego foi mesmo assim?
- Alguma vez Deus pediu que você fizesse algo difícil e você não sabia como fazê-lo?
- Você obedeceu ou resistiu? O que aconteceu em decorrência disso?
- O que essa parte da história lhe diz sobre o caráter do homem cego?

6. Leia João 9:13-20. Como os fariseus reagiram à cura do homem cego?
   - Como o homem cego respondeu aos fariseus?
   - Quando seus olhos foram abertos espiritualmente, as pessoas em sua vida demonstraram ceticismo em relação à sua nova visão do mundo ou ao seu novo entendimento?
   - Qual foi, em sua opinião, a razão de seu ceticismo?
   - Como suas dúvidas fizeram você se sentir? O que você disse para defender a si mesmo e a sua experiência?

7. Eventualmente, os fariseus expulsaram o homem cego da sinagoga. Isso foi significativo e teria afetado a capacidade do cego de adorar em sua comunidade. Por que você acha que os fariseus foram tão longe?
   - Você se lembra de exemplos de líderes de igreja banindo alguém por dizer uma verdade que não lhes agradava ou os ameaçava?
   - Por que, às vezes, a verdade parece ser ofensiva?

8. Leia João 9:35-41. No fim das contas, como esse milagre afetou o homem cego além de lhe dar visão física?
   - Mesmo tendo sido expulso de sua comunidade religiosa por falar sobre o poder de Jesus, o homem cego continuou a falar com Jesus quando este o encontrou, e o homem cego creu que Jesus era o Filho de Deus. Por que ele acreditou em Jesus?
   - De acordo com Jesus, no versículo 41, o que tornou os fariseus culpados?
   - Você tem sido culpado de alegar que entendia algo só para perceber mais tarde que não entendia? O que foi que você entendeu errado? O que ou quem abriu seus olhos?
   - Deus está desafiando você em relação a algo em sua vida hoje? Talvez você acredite entender algo ou alguém, mas Deus esteja empurrando você em direção a um entendimento mais profundo

ou diferente. Explique. Você poderia pedir que Deus o ajude a entender isso a partir da perspectiva de Cristo?

9. Das lições que você aprendeu com esse milagre, qual delas foi a mais útil para você hoje? Por quê?

CAPÍTULO 8

A voz que esvazia túmulos

1. A morte é uma realidade que afeta a todos. Quando você pensa na morte, qual é sua perspectiva? Você tem medo dela? Você a nega? Está em paz com ela? Tem curiosidade em relação a ela? Está tentando vencê-la? Por quê?

2. Alguém próximo de você faleceu? Como isso afetou sua atitude e seus pensamentos sobre a morte? Isso o levou a refletir sobre sua própria morte?

3. Leia João 11:1-6.
   - Como Maria e Marta se referiram a Lázaro em sua mensagem a Jesus?

- O que elas esperavam que Jesus fizesse em resposta à sua mensagem?
- O que Jesus fez?
- Qual foi a razão de Jesus para agir assim?

4. Alguma vez você já pediu algo a Deus — que ele curasse alguém, mudasse as circunstâncias ou qualquer outra coisa — e ele não fez?
- Como isso fez você se sentir em relação às circunstâncias?
- Como isso fez você se sentir em relação a Deus?

5. Leia João 11:11-15. Jesus sabia o que estava acontecendo com Lázaro. Não foi ignorância que impediu Jesus de chegar mais cedo. A morte de Lázaro não o surpreendeu. Em sua opinião, como Jesus se sentiu ao permitir que seu amigo morresse, mesmo podendo ter impedido sua morte?
- O que isso lhe diz sobre o propósito e a importância desse milagre?
- O que isso lhe diz sobre as circunstâncias pelas quais você está orando, mas para as quais ainda não recebeu uma resposta?

6. João 11:20 diz: "Quando Marta ouviu que Jesus estava chegando, foi encontrá-lo, mas Maria ficou em casa". Por que Maria ficou em casa em vez de sair para receber Jesus?
- O que você teria feito no lugar de Maria ou Marta?
- Jesus já respondeu a uma de suas orações que você considerou fraca ou tardia demais? O que você pediu e como você esperava que Jesus respondesse?
- A resposta de Jesus afetou sua fé? De que maneira?

7. Leia João 11:28-33. O que Maria disse a Jesus quando finalmente foi vê-lo (v. 32)?

- O que você acha das palavras de Maria a Jesus?
- Como Jesus respondeu à Maria?
- Por que Jesus se irritou?
- Quando você lê a respeito do choro de Jesus, o que isso revela sobre a compaixão dele em relação à sua vida?
- O que as emoções de Jesus nesses versículos lhe dizem sobre quem ele era e é?

8. Max descreve o momento em que Jesus disse a Lázaro que saísse do túmulo — não como um convite, mas como uma ordem (p. 96). De que formas esse momento manifestou o poder de Jesus?

9. Max observa que, além do poder de Jesus de ressuscitar os mortos, esse milagre nos faz outra promessa. Qual?

10. Lázaro é descrito como "aquele a quem [Jesus] ama". Talvez você pense que Jesus não vê você também como aquele que ele ama, mas leia os seguintes versículos que descrevem nosso relacionamento com Deus por meio de Cristo:

1Pedro 2:9: "Vocês, porém, são geração eleita, sacerdócio real, nação santa, povo exclusivo de Deus, para anunciar as grandezas daquele que os chamou das trevas para a sua maravilhosa luz".

Efésios 2:10: "Porque somos criação de Deus realizada em Cristo Jesus para fazermos boas obras, as quais Deus preparou de antemão para que nós as praticássemos".

Romanos 8:15-17: "Pois vocês não receberam um espírito que os escravize para novamente temer, mas receberam o Espírito que os adota como filhos, por meio do qual clamamos: 'Aba, Pai'. O próprio Espírito testemunha ao nosso espírito que somos filhos de Deus. Se somos filhos, então somos herdeiros; herdeiros de Deus e coerdeiros com Cristo, se de fato participamos dos seus sofrimentos, para que também participemos da sua glória".

- Grife cada palavra que descreve como Deus nos vê.
- Com qual dessas descrições você se identifica mais? Por quê?
- Quais dessas descrições são difíceis de acreditar em relação a você mesmo? Por quê?
- Visto que Jesus ressuscitou seu querido amigo Lázaro dentre os mortos, quão ansioso ele está para nos incluir — a criação de Deus, seus filhos e coerdeiros — na ressurreição algum dia?

11. Em João 11:25-26 ("Eu sou a ressurreição e a vida. Aquele que crê em mim, ainda que morra, viverá; e quem vive e crê em mim, não morrerá eternamente. Você crê nisso, Marta?"), Jesus fez uma declaração ousada e uma pergunta pungente. Substitua o nome de Marta por seu próprio nome. Você crê nisso? Por quê? Ou por que não?

CAPÍTULO 9
Totalmente pago

1. Antes de ler o capítulo 9, o que você sabia sobre a crucificação de Cristo? O que você acreditava ser o propósito da morte de Jesus na cruz?

2. Por que Max afirma que a crucificação pode ser considerada um milagre?

3. As últimas palavras de Jesus na cruz foram: "Está consumado!" (João 19:30). A palavra grega traduzida como "está consumado" é *tetelestai*. Foi significativo Jesus ter usado essa palavra específica nesse contexto?

4. Max pergunta: "O que, exatamente, estava consumado?" (p. 107). Como você responderia a essa pergunta?

5. Qual pecado ou circunstância do seu passado ainda faz você se sentir culpado ou envergonhado? Por que essa culpa ou vergonha é tão forte?

6. Citando Hebreus 10:14 ("porque, por meio de um único sacrifício, [Cristo] aperfeiçoou para sempre os que estão sendo santificados"), Max diz: "Nenhuma outra oferta precisa ser feita. O céu não espera nenhum outro sacrifício" (p. 106).

- Quais pensamentos surgem quando você lê essas palavras?
- Você acredita plenamente no poder da oferta final de Jesus?
- Seus sentimentos em relação ao seu próprio pecado refletem essa crença? Por quê? Ou por que não?

7. É fácil esquecer a promessa "Está consumado". Muitas vezes, tentamos merecer nosso perdão fazendo nossas próprias ofertas. Você alguma vez já fez isso? Como tentou fazer suas próprias ofertas por seus pecados e erros?

8. Algumas pessoas acham difícil aceitar o sacrifício expiatório de Cristo. A culpa impede uma aceitação imediata. Você já aceitou esse presente, ou a culpa ainda o impede de aceitar "o grande milagre da misericórdia"?

9. Leia os seguintes versículos:

1Coríntios 6:18: "Fujam da imoralidade sexual. Todos os outros pecados que alguém comete, fora do corpo os comete; mas quem peca sexualmente, peca contra o seu próprio corpo".

Gálatas 5:19-21: "Ora, as obras da carne são manifestas: imoralidade sexual, impureza e libertinagem; idolatria e feitiçaria; ódio, discórdia, ciúmes, ira, egoísmo, dissensões, facções e inveja; embriaguez, orgias e coisas semelhantes. Eu os advirto, como antes já os adverti, que os que praticam essas coisas não herdarão o Reino de Deus".

Colossenses 3:5-7: "Assim, façam morrer tudo o que pertence à natureza terrena de vocês: imoralidade sexual, impureza, paixão, desejos maus e a ganância, que é idolatria. É por causa dessas coisas que vem a ira de Deus sobre os que vivem na desobediência, as quais vocês praticaram no passado, quando costumavam viver nelas".

- Qual é o alerta comum nesses versículos?
- Você sente tensão ou confusão em relação a qualquer um desses versículos? Em relação a quais? E por quê?

Agora, leia os seguintes versículos:

Salmos 103:10-13: "[Ele] não nos trata conforme os nossos pecados nem nos retribui conforme as nossas iniquidades. Pois como os céus se elevam acima da terra, assim é grande o seu amor para com os que o temem; e como o Oriente está longe do Ocidente, assim ele afasta para longe de nós as nossas transgressões. Como um pai tem compaixão de seus filhos, assim o Senhor tem compaixão dos que o temem".

Romanos 8:38-39: "Pois estou convencido de que nem morte nem vida, nem anjos nem demônios, nem o presente nem o futuro, nem quaisquer poderes, nem altura nem profundidade, nem qualquer outra coisa na criação será capaz de nos separar do amor de Deus que está em Cristo Jesus, nosso Senhor".

Romanos 6:6-7: "Pois sabemos que o nosso velho homem foi crucificado com ele, para que o corpo do pecado seja destruído, e não mais sejamos escravos do pecado; pois quem morreu, foi justificado do pecado".

- Qual é o tema comum nessas passagens?

- De que forma equilibramos a aceitação do perdão pleno dos nossos pecados e, como as Escrituras nos encorajam a fazer, nossos esforços de não pecar?

10. Volte para a sua resposta à pergunta 5. Você sente algo diferente em relação a esse pecado, erro ou circunstância à luz de um entendimento mais profundo da crucificação? Como? Caso contrário, por que não?

11. Max conta a história de sua neta Rosie, que vê o oceano pela primeira vez. Ela perguntou quando o oceano seria desligado. Max respondeu: "Nunca, querida". Se você realmente acreditasse que a graça de Deus é infinita como as ondas do oceano, como isso afetaria sua vida?
- De que forma ela mudaria como você interage com os outros?
- De que forma isso poderia mudar como você vê a si mesmo?

CAPÍTULO 10

Ele viu e creu

1. Quais das seguintes afirmações descrevem você e sua fé hoje, e por quê? (Não existe resposta errada.)

   Crente fervoroso: você crê firmemente em Jesus como Filho de Deus, o qual foi crucificado, sepultado e ressuscitou para uma nova vida.

   Cético esperançoso: você não tem certeza absoluta em relação a Jesus e sua ressurreição, mas está buscando e é esperançoso em relação à fé e à espiritualidade.

   Incrédulo: Jesus é uma figura histórica respeitada, mas ele não ressuscitou dentre os mortos.

2. No início do capítulo 10, Max confessa que houve um tempo em que ele duvidou da ressurreição de Cristo. Se você se considera um "crente fervoroso", alguma vez já duvidou disso ou de outra coisa na fé cristã?

Qual foi sua dúvida, e por quê? Se você se identifica como um cético esperançoso ou um incrédulo, qual é a sua dúvida em relação à história de Jesus, e por quê?

3. Em sua fé ou igreja de origem, era permitido ter dúvidas?
   - Como esses sentimentos e dúvidas afetaram sua jornada na fé?
   - Você acha legítimo duvidar de sua fé ou que outros duvidem dela? Por quê? Ou por que não?

4. Leia João 19:38-41. Como o corpo de Jesus foi preparado? Onde seu corpo foi colocado?

5. Agora leia João 20:1-8. O que João e Pedro encontraram no túmulo? Por que isso é significativo?

6. Quando foi o momento em que João acreditou pela primeira vez que Jesus tinha ressuscitado dentre os mortos? (Cf. João 20:8)
   - Por que João acreditou que Jesus tinha sido ressuscitado dentre os mortos embora ainda não o tivesse visto vivo?
   - Quais evidências João tinha para saber que Jesus estava vivo?

7. Qual foi o momento em que você acreditou pela primeira vez na ressurreição de Jesus?
   - O que levou você a crer? Evidências? Fé? Ambas?
   - O que essa fé significou para você?
   - Como essa fé mudou você?
   - Como você se sentiu ao crer?

8. Quantas vezes João usou a palavra *crer* em seu evangelho?
   - Por que ele a usou tantas vezes?

Max afirma: "*Crer* significa mais do que mera crença. Significa
_____ e _____ em alguém". Preencha as lacunas.
- Você diria que tem esse tipo de fé na ressurreição? Por quê? Ou por que não?

9. Por que a fé na ressurreição de Cristo é tão importante para a fé cristã?
   - Você considera a ressurreição central à sua fé? Por quê? Ou por que não?
   - Você acha que é possível ser cristão, mas não crer na ressurreição? Por quê? Ou por que não?
   - 1Coríntios 15:17 diz: "E, se Cristo não ressuscitou, inútil é a fé que vocês têm, e ainda estão em seus pecados". Por quê? Você discorda dessa passagem?

10. Quais são as outras evidências que Max cita em favor da ressurreição? (Cf. p. 119)
    - Por que o número de testemunhas da morte e ressurreição de Cristo é tão importante?
    - Pense em como a História tem sido documentada ao longo dos anos por relatos e documentos de testemunhas oculares. Nós acreditamos no que lemos em livros de História. O que nos impede de crer naquilo que a Bíblia diz sobre a ressurreição?
    - Existe alguma diferença entre acreditar na história que lhe ensinaram na escola e acreditar na ressurreição de Cristo? Qual é a diferença?

11. João viu o Cristo ressurreto na noite do dia em que foi ressuscitado. Leia João 20:19-22.
    - Quais foram as primeiras palavras de Jesus aos discípulos?
    - O que ele lhes mostrou?

- Como os discípulos se sentiram?
- Tendo visto o túmulo vazio e as faixas fúnebres, o que João deve ter pensado e sentido naquele momento?

12. Max escreve: "Fé não é ausência de dúvida. Fé é simplesmente a disposição de continuar fazendo as perguntas difíceis" (p. 120). Quais perguntas difíceis você precisa fazer hoje a Deus? Talvez você tenha alguma pergunta sobre a ressurreição ou talvez sobre algo que esteja acontecendo em sua vida. Ou talvez você tenha alguma dúvida em outra área da sua fé. Não importa o que seja, apresente suas perguntas e dúvidas ao Pai. Apresente-as sem culpa ou medo, pois ele entende e quer ouvi-las.

CAPÍTULO 11

Café da manhã com Jesus

1. Você já quebrou uma promessa que fez a uma pessoa querida?
   - Qual foi a promessa?
   - Como seu ente querido reagiu à promessa quebrada?
   - Se ele ou ela perdoou você, como isso mudou seu relacionamento?
   - Se ele ou ela usou isso contra você, quais ações ou mudanças resultaram disso?

2. Todos nós machucamos as pessoas em nossa vida. E todos nós machucamos Deus. Como escreve Max: "Nós também caímos de cara, caímos duro e o suficiente para nos perguntar por que Deus nos chama de seus. Não estou falando de uma escorregada insignificante, de má conduta e erros inocentes. Estou falando dos momentos de Jonas em que nos

afastamos de Deus, de momentos de Elias em que fugimos de Deus, de momentos de Jacó em que ousamos exigir algo de Deus" (p. 127).
- Quando você lê isso, o que lhe vem à mente sobre um momento em que você caiu — e caiu feio?
- Como Deus se sente em relação a esse evento ou momento em sua vida?

3. Max descreve o relacionamento de Pedro com Jesus como uma amizade por acidente. Leia Lucas 5:1-11.
- Como começou o relacionamento entre Pedro e Jesus?
- Como Pedro reagiu a Jesus no versículo 8?
- O que Pedro e os outros discípulos fizeram no versículo 11?
- Como você descreveria o relacionamento de Pedro com Jesus, com base nessa passagem? Descreva um tempo em que seu relacionamento com Jesus era assim — novo, excitante e real, tão real que você estava disposto a fazer qualquer coisa por ele.

4. Leia Marcos 14:27-31.
- O que Pedro jurou a Jesus nessa passagem?
- Você acha que Pedro estava falando sério? Por quê? Ou por que não?
- Como você descreveria o relacionamento de Pedro com Jesus, com base nessa passagem?
- Alguma vez você fez uma promessa semelhante a Jesus? Qual foi a sua promessa e por que você a fez?

5. Leia Marcos 14:66-72.
- Por que Pedro negou seu relacionamento com Jesus?
- O que Pedro fez após o galo cantar e ele se lembrar das palavras de Jesus?

- Alguma vez você quebrou uma promessa que fez a Jesus? Talvez a mesma promessa que você citou na pergunta 4?
- Como você se sentiu após perceber que tinha quebrado sua promessa?

6. Em Marcos 16:7, o anjo do Senhor mencionou o nome de Pedro — e somente o nome de Pedro — entre os discípulos. Max diz: "É como se o céu inteiro tivesse assistido à queda de Pedro. Agora, o céu inteiro queria ajudá-lo a se reerguer".
- O que isso lhe diz sobre Jesus e como ele se sentia em relação a Pedro?
- O que isso lhe diz sobre como Jesus se sente em relação a você?

7. Leia João 21:1-9.
- Quais semelhanças existem entre a história desse milagre e a história em Lucas 5:1-11?
- Agora, leia João 21:15-17. Como essa conversa se parece com a negação de Cristo por Pedro em Marcos 14:66-72?
- Qual é o significado dessas semelhanças nas Escrituras?
- O que elas dizem sobre o relacionamento de Pedro com Jesus?

8. Entre todos os cenários de Pedro que você acaba de ler, com qual você mais se identifica hoje?
- Você é um recém-convertido disposto a desistir de tudo por Jesus?
- Você fez uma promessa a Jesus?
- Você quebrou essa promessa e agora está lidando com a vergonha?
- Ou você experimentou recentemente o perdão profundo de Cristo e um relacionamento restaurado com ele?
- Não importa onde você esteja hoje. Como você gostaria que fosse seu relacionamento com Cristo?

9. Max conta a história do perdão que ele recebeu de sua esposa. Que mensagem de perdão você precisa que Jesus escreva em seu espelho?

10. Pedro ainda tinha deveres a cumprir. Jesus lhe disse: "Alimente meus cordeiros. [...] Pastoreie minhas ovelhas. [...] Alimente minhas ovelhas" (João 21:15-17).
- Que trabalho Pedro fez para Cristo depois disso? (Cf. p. 132.)
- Você permitiu que seu fracasso o impedisse de acreditar que você pode continuar trabalhando por Cristo?
- O que você acredita não poder fazer mais?
- Se você se sentiu totalmente perdoado por Jesus, que trabalho você gostaria de fazer em seu nome?

11. Max observa que Jesus ofereceu perdão a Pedro, mas Pedro teve que dar um passo na direção de Cristo. Pedro foi para a Galileia; ele pulou na água e nadou até a praia, e ele falou com Jesus. Existe um passo que você deve dar em direção a Jesus hoje? Qual seria esse passo?

CAPÍTULO 12

Creia, apenas creia

1. João registrou a razão pela qual escreveu seu evangelho e pela qual falou dos sinais e das maravilhas de Cristo: "Mas estes foram escritos para que vocês creiam que Jesus é o Cristo, o Filho de Deus e, crendo, tenham vida em seu nome" (João 20:31). Como o estudo dos milagres de Jesus afetou sua fé nele como Filho de Deus ressurreto?

2. Qual verdade ou promessa você levou consigo de cada milagre citado abaixo? Qual parece estar mais em sintonia com sua vida hoje?
   - ☐ Quando Jesus transformou água em vinho.
   - ☐ Quando ele curou o filho do nobre.
   - ☐ Quando ele curou o paralítico.
   - ☐ Quando ele curou o homem cego.
   - ☐ Quando ele andou sobre a água.
   - ☐ Quando ele alimentou os 5 mil.
   - ☐ Quando ressuscitou Lázaro dentre os mortos.
   - ☐ Quando ele completou a obra de redenção na cruz.

- ☐ Quando seu corpo foi ressuscitado.
- ☐ Quando ele multiplicou os peixes na rede dos discípulos e deu a Pedro uma segunda chance.

3. Max escreve: "A mensagem dos milagres é o próprio Milagreiro. Ele quer que você saiba que você nunca está só. Você nunca está sem ajuda, esperança ou força. Você é mais forte do que pensa, porque Deus está mais próximo do que você pode imaginar" (p. 145). Dos milagres citados na pergunta anterior, qual mais lhe serve como garantia dessa promessa, e por quê?

4. Max conta a história emocionante de Lucas, que faz uma cesta num jogo de basquete após seus colegas e até mesmo o time adversário lhe passarem a bola inúmeras vezes.
- Como somos semelhantes a Lucas nesse cenário?
- Pense na semana passada. Você experimentou algum milagre que, no momento, foi ignorado? Qual foi?
- Quais milagres outras pessoas à sua volta experimentaram e que você não reconheceu como sendo um milagre?
- Por que é difícil percebermos os milagres que acontecem à nossa volta todos os dias?
- Você costuma chamar esses eventos de "milagres" ou de outra coisa, como uma coincidência ou golpe do destino? Por quê?
- O que esses milagres em sua vida — grandes ou pequenos — lhe dizem sobre Deus e sua presença?

5. Max cita várias passagens das Escrituras que nos garantem a proximidade de Deus (p. 145). Em qual dessas passagens você precisa acreditar especialmente no dia de hoje, e por quê?

6. A primeira pergunta para refletir referente ao primeiro capítulo foi: "O que você pensa sobre milagres?". Sua resposta mudou em algum aspecto ou permaneceu a mesma? Explique por que.

7. Quais dúvidas você ainda tem em relação a milagres, seja em sua própria vida ou quanto aos milagres registrados no Evangelho de João?
- Por que você tem essas dúvidas específicas?
- O que seria necessário você ver ou experimentar para superar essas dúvidas?

8. A promessa maior deste livro é o título: *Você nunca está só*. Como essa promessa pode mudar você, sua vida, sua fé e seus relacionamentos?

9. Leve quaisquer pensamentos, perguntas, orações ou preocupações finais ao Pai. Se você precisa de um milagre em sua vida, peça esse milagre. Se precisa de mais fé, peça por ela. Se precisa de perdão, peça por ele. Se precisa saber que nunca está só, peça que Deus lhe dê uma sensação forte de paz de sua presença infinita.

Notas

---------- CAPÍTULO 1 ----------

1   "The Loneliness Epidemic". Disponível em: https://www.hrsa.gov/enews/past-issues/2019/january-17/loneliness-epidemic. HOLT-LUNSTAD, J. "The Potential Public Health Relevance of Social Isolation and Loneliness: Prevalence, Epidemiology, and Risk Factors". *Public Policy & Aging Report*, v. 27, ed. 4, 2017, p. 127-130. DOI: https://doi.org/10.1093/ppar/prx030; "Friends are Healthy: Impact of Loneliness on Health & Cognition". Disponível em: https://www.themaples-towson.com/news/friends-are-healthy-impact-of-lonliness-on-health-cognition.

2   WOODARD, T. "80 People Went to Dallas Emergency Rooms 5,139 Times in a Year – Usually Because They Were Lonely". *WFAA*, 28 maio 2019. Disponível em: https://www.wfaa.com/article/features/

originals/80-people-went-to-dallas-emergency-rooms-5139-times-in-a-year-usually-because-they-were-lonely/287-f5351d53–6e60–4d64–8d17–6ebba-48a01e4.

CAPÍTULO 2

1. "É aqui que a fé se encontra no meio da batalha. [...] [Maria] em seu coração não interpreta isso como raiva ou como o oposto de gentileza, mas se agarra firmemente à convicção de que ele [Jesus] é bondoso [...], recusando-se a desonrá-lo em seu coração pensando que ele seria qualquer outra coisa senão bondoso e gracioso. [...] Daí o pensamento mais nobre nessa lição do evangelho, e devemos sempre mantê-lo em mente: honramos Deus como sendo bom e gracioso mesmo quando ele age e fala de outra forma. [...] Ela tem certeza de que ele será gracioso, embora ela não sinta isso". LUTERO, M. citado por BRUNER, F. D. *The Gospel of John: A Commentary*. Grand Rapids, MI: Eerdmans, 2012. p. 138-139.
2. Seis potes de 25 galões cada equivalem a 150 galões. Há 128 onças em cada galão; assim, 150 galões equivalem a 19.200 onças. Uma garrafa de vinho costuma conter 25,4 onças, de modo que 19.200 onças encheriam 756 garrafas.

CAPÍTULO 3

1. BRYSON, B. **A Walk in the Woods:** Rediscovering America on the Appalachian Trail. Nova York: Random House, 1998. p. 161.
2. COHEN, Z. C. "Bill Irwin Dies at 73; First Blind Hiker of Appalachian Trail". **Washington Post**, 15 mar. 2014. Disponível em: https://www.washingtonpost.com/national/bill-irwin-dies-at-73-first-blind-hiker-of-appalachian--trail/2014/03/15/a12cfa1a-ab9b-11e3-af5f-4c56b834c4bf_story.html.
3. HUGHES, R. K. **John:** That You May Believe. Wheaton, IL: Crossway, 1999. p. 138.

NOTAS

—— CAPÍTULO 4 ——

1. MURANO, G. "10 Bizarre Stories of People Getting Stuck". **Oddee**, 4 abr. 2011. Disponível em: https:// www.oddee.com/item_97665.aspx.
2. Traduções mais recentes dessa passagem decidiram remover uma referência curiosa a um anjo que, por vezes, agitava a superfície. A primeira pessoa a tocar a água após o aparecimento das bolhas seria curada. Quase todos os estudiosos evangélicos concordam que essas palavras foram adicionadas por um redator ou editor que queria explicar por que as pessoas se reuniam no tanque. Na verdade, não importa se a frase fazia parte do texto original de João ou não, pois permanece o fato de que o tanque de Betesda era cercado por multidões de pessoas enfermas – "cegos, mancos e paralíticos" (João 5:3).
3. "Bethesda". **BibleWalks.com**. Disponível em: https://biblewalks.com/Sites/Bethesda.html.
4. STROBEL, L. **The Case for Miracles**: A Journalist Investigates Evidence for the Supernatural. Grand Rapids, MI: Zondervan, 2018. p. 101-104. HALLOWELL, B. "The Real-Life Miracle That Absolutely Shocked Lee Strobel". **Pure Flix.com**. 24 abr. 2018. Disponível em: https://insider.pureflix.com/movies/the-real-life-miracle-that-absolutely-shocked-lee-strobel.
5. Usado com permissão.

—— CAPÍTULO 5 ——

1. BRUNER, F. D. (trad.). **The Gospel of John**: A Commentary. Grand Rapids, MI: Eerdmans, 2012. p. 359.
2. Ibid.
3. Ibid.
4. Gênesis 41:9-14; Êxodo 2:6; 1Samuel 17:48-49; Mateus 27:32-54.

5   "Chambers, Gertrude (Biddy) (1884-1966). Archival Collections at Wheaton College". **Wheaton College.** Disponível em: https://archon.wheaton.edu/index.php?p=creators/creator&id=198.

6   HALFORD, M. "Why We're Still Reading 'My Utmost for His Highest' 80 Years Later". **Christianity Today,** 9 mar. 2017. Disponível em: https://www.christianitytoday.com/ct/2017/march-web-only/utmost-for-his-highest-popular-devotional-reading-chambers.html.

──── CAPÍTULO 6 ────

1   Caso esteja curioso, o segredo desse homem veio à luz e ele foi punido por suas ações.

2   WOLF, K.; WOLF, J. **Hope Heals**: A True Story of Overwhelming Loss and an Overcoming Love. Grand Rapids, MI: Zondervan, 2016. p. 163-165.

──── CAPÍTULO 7 ────

1   NEWTON, J. "Amazing Grace". **Timeless Truths.** Disponível em: https://library.timelesstruths.org/music/Amazing_Grace/.

2   WINERMAN, L. "By the Numbers: An Alarming Rise in Suicide". **American Psychological Association,** v. 50, n. 1, jan. 2019. Disponível em: https://www.apa.org/monitor/2019/01/numbers.

3   DRUG ABUSE. National Institute on Drug Abuse, NIH. **Opioid Overdose Crisis.** Revised. February 2020. Disponível em: https://www.drugabuse.gov/drugs-abuse/opioids/opioid-overdose-crisis.

4   João 3:17; 4:34; 5:24,30,36; 6:29,38,44,57; 7:16,18,28,29,33; 8:16,18,26,29,42; 9:4.

5   SHANKS, H. "The Siloam Pool: Where Jesus Cured the Blind Man". **Biblical Archaeology Review,** 31:5. Sept./Oct. 2005. Disponível em: baslibrary.org/biblical-archaeology-review/31/5/2.

NOTAS

6 STROBEL, L. **The Case for Miracles**: A Journalist Investigates Evidence for the Supernatural. Grand Rapids, MI: Zondervan, 2018. p. 141.
7 DOYLE, T. **Dreams and Visions**: Is Jesus Awakening the Muslim World? Nashville: Thomas Nelson, 2012. p. 127.
8 STROBEL. **The Case for Miracles**, p. 146.
9 Ibid., p. 152.
10 A exceção é a cura de Saulo por Ananias (Atos 9:8-18).
11 SPURGEON, C. H. **The Metropolitan Tabernacle Pulpit**: Sermons Preached and Revised in 1884. London: Banner of Truth Trust, 1971. 30:489.

—— CAPÍTULO 8 ——

1 BRUNER, F. D. **The Gospel of John**: A Commentary. Grand Rapids, MI: Eerdmans, 2012. p. 664.
2 Ibid., p. 681.
3 Usado com permissão de Russ Levenson.

—— CAPÍTULO 9 ——

1 Usado com permissão de Kayla Montgomery.

—— CAPÍTULO 10 ——

1 Algumas traduções da Bíblia dizem 54 quilos, outras dizem 45 ou 42 quilos.
2 BARCLAY, W. **The Gospel of John**. rev. ed. Philadelphia: Westminster Press, 1975, 2:263.
3 BURGE, G. M. **John**. The NIV Application Commentary. Grand Rapids, MI: Zondervan, 2000. p. 554.
4 GOODRICK, E. W.; KOHLENBERGER III, J. R. **The NIV Exhaustive Concordance**. Grand Rapids, MI: Zondervan, 1990. p. 127-128.

5 "As faixas fúnebres não estavam em desordem ou desarranjo. Estavam lá ainda dobradas" (BARCLAY, **Gospel of John**, 2:267).
6 PINK, A. W. Exposition of the Gospel of John. Grand Rapids, MI: Zondervan, 1945, 1:1077.
7 BURGE, **John**, p. 554.
8 John Stott diz que o corpo de Cristo "vaporizou, sendo transmutado para algo novo e diferente e maravilhoso". STOTT, J. **Basic Christianity**. Downers Grove, IL: InterVarsity, 1959. p. 53.

―――― CAPÍTULO 11 ――――

1 KING, R. **Leonardo and the Last Supper**. Nova York: Bloomsbury, 2012. p. 271-273.

―――― CAPÍTULO 12 ――――

1 Usado com permissão.
2 Usado com permissão.
3 BOUMAN, M. **The Tank Man's Son:** A Memoir. Carol Stream, IL: Tyndale, 2015. p. 316-318, 333-334.

VOCÊ Nunca está só

GUIA DE ESTUDOS

Sumário

Uma palavra de Max Lucado   203
Como usar este guia   207

    Deus está com você no ordinário   211
    Deus está contigo quando você está preso   229
    Deus está com você na tempestade   245
    Deus está com você na escuridão   265
    Deus está com você no vale   281
    Deus está contigo quando você precisa de graça   299

Guia do líder   313

Uma palavra de Max Lucado

Madre Teresa disse certa vez: "A pobreza mais terrível é a solidão e o sentimento de não ser amado". Talvez você conheça esse tipo de pobreza em sua vida. Você conhece a espiral que te leva cada vez mais para baixo. Você se convenceu de que ninguém se importa, de que ninguém pode ajudá-lo, de que ninguém ouve você e de que ninguém se importa com seu grito. Por dentro, você sente que está só.

Bem, se você conhece esse sentimento, quero dizer-lhe que não está só. Não quero dizer que você está só em *conhecer* esse sentimento, mas que você *literalmente* não está só. A sensação crua e sombria de isolamento e impotência? Ela não veio para ficar.

Se não estiver convencido, tenho algumas histórias para você contemplar. Na verdade, o discípulo João tem algumas histórias para você contemplar. Ele teceu um tapete de milagres em seu evangelho para que você possa saber que nunca está realmente só quando Jesus está em sua vida. Nas próprias palavras de João, ele escreveu sobre esses milagres para que "vocês creiam que Jesus é o Cristo, o Filho de Deus e, crendo, tenham vida em seu nome" (João 20:31).

Fé doadora de vida! É isso que João quer que você experimente. Fé abundante, robusta e resiliente. João quer que você entenda que a vida acontece quando você crê. Você encontra força além da sua força. Você realiza tarefas que vão além de sua capacidade. Você descobre soluções que estão além de sua sabedoria. Fé acontece quando você deposita sua confiança em Deus.

Quando você faz isso, tem "vida em seu nome". Esse é o propósito dos milagres que João registra! Ele narra esses sinais para gerar convicção nesta promessa: Você nunca, nunca está só. Essa não foi uma das últimas promessas de Cristo? Antes de sua ascensão ao céu, ele garantiu aos seus amigos: "Eu estarei sempre com vocês, até o fim dos tempos" (Mateus 28:20).

Essas palavras significavam tudo para João. Quando ele escreveu seu evangelho, já era um apóstolo de idade avançada e servia a uma igreja na cidade de Éfeso. Cabelo grisalho. Pele enrugada. Ele é o último dos discípulos originais de Cristo. Pedro, André, Tiago e o resto já se foram. Agora, só resta João — e ele sabe que seus dias estão chegando ao fim. Assim ele assume uma última tarefa.

O Evangelho de Marcos está em circulação. Mateus e Lucas compilaram seus relatos. Mas o Evangelho de João será diferente. Ele contará histórias que os outros não contaram e acrescentará detalhes às histórias contadas. Seu evangelho girará em torno de "sinais".

Primeiro, João nos leva para Caná, a uma degustação de vinho. Depois, ele nos leva para Cafarnaum, para vermos como um Pai abraça um filho que estivera à beira da morte. Sentimos a fúria de uma tempestade na Galileia e ouvimos os murmúrios de uma multidão faminta numa colina. Vemos como um paralítico se levanta e como um cego levanta seus olhos. Antes de terminar, João nos leva a dois cemitérios, perto de uma cruz, e nos convida a ouvir uma conversa durante um café da manhã que mudou para sempre a vida de um apóstolo.

UMA PALAVRA DE MAX LUCADO

A intenção de João ao relatar esses milagres não é que eles sirvam como registros num livro de história, mas como exemplos do manual de Deus. Ele os registrou não para impressionar, mas para encorajá-lo a crer na presença doce e no poder grandioso de Cristo. Essa montagem de milagres proclama: *Deus está no controle disso*! Acha que você precisa fazer tudo? Besteira. Deus carrega você. Você é mais forte do que pensa porque Deus está mais próximo do que você sabe.

Se Jesus quisesse provar sua divindade, teria materializado um bando de pássaros a partir do nada; teria desarraigado árvores, transformado riachos em cascatas ou transformado pedras em abelhas. Tais feitos teriam demonstrado seu poder. Mas ele queria que você visse *mais*. Ele queria lhe mostrar um Deus que opera milagres e ama você, cuida de você e vem ao seu socorro. E você não precisa saber dessa mensagem hoje?

Quando a vida parece difícil, Deus se importa?
Estou enfrentando muitas provações. Deus vai me ajudar?
Quando a vida parece escura e tenebrosa, Deus percebe?

A resposta que encontramos no Evangelho de João é um grande e sonoro *sim*.

Você conhece esses milagres? Você acredita num Jesus que não só tem o poder, mas também um amor apaixonado pelos fracos e feridos do mundo? Você acredita que ele se importa com você a ponto de encontrá-lo nas solitárias salas de espera, centros de reabilitação e lares de repouso da vida? Você deseja conhecer o Deus que vai ao seu encontro no meio das confusões da vida?

Se a sua resposta for *sim*, dê uma olhada nas palavras de João e nos milagres de Cristo e veja se eles não alcançam seu objetivo pretendido: "Mas estes foram escritos para que vocês creiam que Jesus é o Cristo, o Filho de Deus e, crendo, tenham vida em seu nome" (João 20:31).

Como usar este guia

O guia de estudo deste livro foi criado para grupos de estudo bíblico, escolas dominicais ou qualquer outra reunião em grupos pequenos. Cada sessão começa com uma breve reflexão introdutória e perguntas para quebrar o gelo e ajudar a introduzir o tema. Após um pequeno debate sobre as respostas do grupo, o estudo será encerrado com um momento de oração.

É importante que cada pessoa tenha seu próprio Guia de Estudos, para ajudar a refletir sobre o assunto estudado e fazer a aplicação prática em sua vida durante a semana. Ao final de cada parte, a seção "Leituras Recomendadas" trará uma lista com obras que ajudarão você e seu grupo a se aprofundar no assunto que estão discutindo.

E para que esse estudo em grupo seja ainda mais proveitoso, tenha em mente os seguintes pontos:

Primeiro: o crescimento verdadeiro, neste estudo, acontecerá durante seu tempo em grupos pequenos. É nesse espaço que você processará o conteúdo da mensagem de Max, fará perguntas e aprenderá dos outros ao ouvir o que Deus está fazendo na vida deles. Por essa razão, é importante se dedicar totalmente ao grupo e participar de cada sessão, para que você possa desenvolver confiança e conversar com os outros membros do grupo. Se preferir "participar sem se envolver", ou se você se recusar a participar, a chance de encontrar o que está procurando durante este estudo será menor.

Segundo: lembre-se de que o objetivo de seu pequeno grupo é servir como um lugar em que as pessoas podem compartilhar e aprender sobre Deus e construir intimidade e amizade. Por essa razão, tente fazer de seu grupo um "lugar seguro". Isso significa ser honesto em relação aos seus pensamentos e sentimentos e ouvir com cuidado a opinião de todos os outros. (Se você é um líder de grupo, há instruções adicionais e recursos no fim do livro, abordando como liderar um grupo de discussões produtivo.)

Terceiro: resista à tentação de "consertar" um problema que alguém possa ter ou de corrigir a sua teologia, pois esse não é o propósito do seu grupo pequeno. Além disso, trate com confidencialidade tudo que seu grupo compartilhar. Isso gerará um senso de comunidade e criará um lugar em que as pessoas podem curar, ser desafiadas e crescer espiritualmente.

Após o tempo em grupo, maximize o impacto do curso com os estudos adicionais entre as sessões. Para cada sessão, você pode completar um estudo pessoal de uma só vez ou dividi-lo ao longo de vários dias (por exemplo, trabalhando nele por meia hora em vários dias diferentes daquela semana). Observe que, se você não conseguir terminar (ou até mesmo começar!) seu estudo pessoal entre as sessões, deve, mesmo assim, continuar participando dos estudos em conjunto. Você continua sendo bem-vindo ao grupo mesmo sem fazer seu "dever de casa"!

Lembre-se de que este estudo é uma oportunidade para treinar uma nova maneira de ver a si mesmo e sua jornada com Deus. Os textos, as discussões e as atividades pretendem simplesmente dar o impulso inicial à sua imaginação para que você se abra não só para o que Deus quer que você ouça, mas também para como aplicá-lo em sua vida. Ao ler os milagres narrados no Evangelho de João, fique atento ao que Deus tem a dizer a você por meio de sua Palavra e confie em sua promessa de que *você nunca está só*.

— SESSÃO UM —

Deus está com você no ordinário

No terceiro dia houve um casamento em Caná da Galileia. A mãe de Jesus estava ali; Jesus e seus discípulos também haviam sido convidados para o casamento. Tendo acabado o vinho, a mãe de Jesus lhe disse: "Eles não têm mais vinho". Respondeu Jesus: "Que temos nós em comum, mulher? A minha hora ainda não chegou". Sua mãe disse aos serviçais: "Façam tudo o que ele lhes mandar".

João 2:1-5

ABERTURA

Qual foi o último pedido que você fez a Deus? Você pediu algo grande? Algo pequeno? Alguma vez você já se pegou pedindo perdão a Deus por seus pedidos?

"Sei que talvez tu não te importas com isso..."

"Sei que isso realmente não importa no grande esquema das coisas..."

"Sei que isso parece ser um pedido bobo..."

Por que fazemos isso? Por que resistimos tanto a orar pelas "coisas pequenas" da vida? Talvez tenha a ver com nossa visão de Deus. Nós o vemos como santo e distante. Como alguém que está muito longe e muito acima de tudo que acontece na terra. Não o vemos como próximo e presente, envolvido no nosso dia a dia ou andando pelo mundo de maneira íntima.

João abre seu evangelho com a declaração: "No princípio era aquele que é a Palavra. Ele estava com Deus, e era Deus" (1:1). João nos diz que a *Palavra* é Jesus, o "Unigênito vindo do Pai, cheio de graça e de verdade" (versículo 14). Jesus era Deus na carne. Quando Jesus subiu ao céu, ele nos deixou com o seu Espírito (cf. 2Coríntios 5:5) – um guia que, como o ar à sua volta, está por toda parte, e que, como o ar em seus pulmões, está dentro de você.

Se Deus está tão próximo de você quanto sua própria respiração, certamente ele está ciente daquilo que acontece em sua vida, sua mente, seu coração e seu corpo. Além do mais, ele se *preocupa* com os detalhes da sua vida. Ele está com você no mais alto dos altos e no mais baixo dos baixos. Ele está com você durante uma ida ao supermercado tanto quanto está com você a caminho do hospital para fazer um exame. Ele está nos momentos ordinários da vida.

Nesta primeira sessão analisaremos o primeiro milagre de Jesus registrado em João. Ele aconteceu em decorrência de um problema ordinário num cenário ordinário e envolveu materiais ordinários. Jesus não curou ninguém nem alimentou milhares milagrosamente, nem mesmo contou parábolas ou compartilhou outros ensinamentos. Mas João registrou a história da mesma forma que registrou todas as outras — o que significa que essa história pode nos dizer algo importante sobre quem Jesus era e o que isso significa para a nossa vida hoje.

Hoje, então, encontre consolo nesse Jesus que era divino, mas totalmente ordinário. Nesse homem que acordava todos os dias, trabalhava, pescava, bebia água e, ocasionalmente, transformava essa água em vinho.

COMPARTILHE

Se você não conhece alguém do grupo ou se há mais pessoas que não se conhecem, usem alguns minutos para se apresentarem. Depois, comecem discutindo uma das seguintes perguntas:

- Você alguma vez já se perguntou se seus pedidos de oração são pequenos demais para Deus? Se sua resposta for "sim", por que você acha que esse é o caso?

— *ou* —

- Qual é seu estilo de oração? Você ora a Deus espontaneamente, lê orações escritas por outros ou usa algum outro método? Quem lhe ensinou a orar dessa maneira?

LEIA

Convide alguém para ler os seguintes versículos em voz alta. Fique atento a novas percepções ao ouvir os versículos, e então discuta as perguntas a seguir.

Não se vendem cinco pardais por duas moedinhas? Contudo, nenhum deles é esquecido por Deus. Até os cabelos da cabeça de vocês estão todos contados. Não tenham medo; vocês valem mais do que muitos pardais! (Lucas 12:6-7)

Não andem ansiosos por coisa alguma, mas em tudo, pela oração e súplicas, e com ação de graças, apresentem seus pedidos a Deus. (Filipenses 4:6)

Lancem sobre ele toda a sua ansiedade, porque ele tem cuidado de vocês. (1Pedro 5:7)

Qual é o tema que se destaca para você nessas passagens? De acordo com esses versículos, com que Deus se importa quando se trata de sua vida?

DISCUTA

Tome alguns minutos com os membros do seu grupo para discutir o que vocês acabaram de explanar e explore estes conceitos nas Escrituras:

1. Já no final de seu evangelho, João escreve: "Mas estes foram escritos para que vocês creiam que Jesus é o Cristo, o Filho de Deus e, crendo, tenham vida em seu nome" (João 20:31). O que isso lhe diz sobre o propósito de João ao registrar os milagres de Jesus? O que significa "ter vida em seu nome"?

2. João começa seu evangelho com um sinal de Cristo que parece... *ordinário*. Que situação causou esse milagre? Qual era a "crise"?

3. Que pedido Maria fez a Jesus? Por que você acha que, inicialmente, Jesus hesitou em responder ao seu pedido?

4. Como Maria respondeu a Jesus quando ele disse: "A minha hora ainda não chegou" (João 2:4)? Por que ela reagiu daquela forma? O que aconteceu em decorrência disso?

5. Alguma vez você já orou por algo específico e não o recebeu? Se sua resposta for "sim", como você reagiu? Por que, em sua opinião, Deus não lhe deu o que você queria?

6. João escreve: "Este sinal miraculoso, em Caná da Galileia, foi o primeiro que Jesus realizou. Revelou assim a sua glória, e os seus discípulos creram nele" (versículo 11). Quem acreditou em Jesus depois desse milagre? Por que isso é significativo?

7. O que fez *você* acreditar em Jesus? Como aquele momento, evento ou pessoa o convenceu? Ou, se você não acredita em Cristo, o que *faria* você acreditar?

8. O que é algo novo ou interessante que você aprendeu com o milagre de Jesus de transformar água em vinho? Como isso poderia se aplicar à sua vida e fé no dia a dia?

RESPONDA

Fique alguns momentos em silêncio contemplando Filipenses 4:6, que você leu no início desta seção: "Não andem ansiosos por coisa alguma, mas em tudo, pela oração e súplicas, e com ação de graças, apresentem seus pedidos a Deus". Use o espaço abaixo para anotar dois ou três pedidos que você quer apresentar a Deus neste momento.

ENCERRE

Passem algum tempo compartilhando pedidos de oração uns com os outros. Você pode compartilhar um pedido que anotou acima ou algum outro. Lembre-se, nenhum pedido é pequeno demais para Deus! Peça para que uma pessoa anote os pedidos enquanto vocês os compartilham. Encerrem seu tempo juntos orando por cada pedido. Vocês podem se revezar em oração ou uma pessoa pode liderar o grupo em oração.

Estudo pessoal entre as sessões

Reflita sobre o material que você estudou nesta semana fazendo todas as atividades entre as sessões. (Antes de começar, sugiro que você leia o capítulo 2 de *Você nunca está só*.) Cada estudo pessoal consiste em várias atividades de reflexão para ajudá-lo a aplicar o que você aprendeu no grupo. O tempo que você investir será tempo bem-investido, portanto permita que Deus o use para aproximar você dele. Em sua próxima reunião, compartilhe qualquer um dos pontos-chave ou das percepções que se destacaram para você ao passar esse tempo com o Senhor.

VOCÊ ACREDITA EM MILAGRES?

Todo esse estudo gira em torno dos milagres de Jesus e de por que eles importam para nós hoje. Em vista disso, antes de passar pelas próximas semanas de estudo, é importante refletir sobre como você se sente em relação aos milagres registrados na Bíblia. Contemple honestamente seus pensamentos, suas crenças e suas opiniões ao fazer seu estudo pessoal de hoje. Para começar, responda às seguintes perguntas:

1. Alguma vez você já experimentou pessoalmente um milagre ou testemunhou um milagre na vida de outra pessoa? Se sua resposta for "sim", como foi essa experiência para você? Se sua resposta for "não", você diria que, mesmo assim, acredita em milagres? Por quê? Ou por que não?

2. O que tem alimentado sua crença na área dos milagres: sua fé, a fé de seus pais ou as crenças que você ouviu de outra pessoa? Explique sua resposta.

3. Como você se sente em relação aos milagres descritos na Bíblia? Você acredita que eles aconteceram ou você os vê como folclore? Explique sua resposta.

4. Quando Paulo escreveu cartas à Igreja Primitiva, ele teve o cuidado de lembrá-la de que Jesus era totalmente humano, mas também totalmente Deus, como comprovam as seguintes passagens:

ESTUDO PESSOAL ENTRE AS SESSÕES

Pois em Cristo habita corporalmente toda a plenitude da divindade, e, por estarem nele, que é o Cabeça de todo poder e autoridade, vocês receberam a plenitude. (Colossenses 2:9-10)

Pois há um só Deus e um só mediador entre Deus e os homens: o homem Cristo Jesus, o qual se entregou a si mesmo como resgate por todos. (1Timóteo 2:5-6)

Seja a atitude de vocês a mesma de Cristo Jesus, que, embora sendo Deus, não considerou que o ser igual a Deus era algo a que devia apegar-se; mas esvaziou-se a si mesmo, vindo a ser servo, tornando-se semelhante aos homens. (Filipenses 2:5-7)

Como Jesus é descrito em cada uma dessas passagens? Quais são algumas das características principais que Paulo ressalta sobre Jesus?

5. Levando em conta sua resposta à última pergunta, como você descreveria Jesus? Como Deus? Como homem? Como ambos? Explique sua resposta.

6. Como um entendimento de quem Jesus realmente era pode afetar a forma como você vê os milagres que ele realizou e o fato de você acreditar neles ou não?

Oração: Avalie como você se sente após o estudo de hoje. Essas perguntas mexeram em algo em você — seja bom ou ruim? Talvez você tenha outras perguntas para fazer a Deus, diferentes das que tinha antes. Talvez você se sinta mais firme em sua fé do que antes. Não importa como esteja se sentindo, passe alguns minutos apresentando tudo isso a Deus em oração. Você não precisa esconder suas dúvidas ou seu ceticismo. Apresente todo o seu eu ao trono de Deus e ouça a sua voz.

ÁGUA EM VINHO

Na discussão em grupo desta semana, você leu a história do primeiro milagre de Jesus em Caná:

> No terceiro dia houve um casamento em Caná da Galileia. A mãe de Jesus estava ali; Jesus e seus discípulos também haviam sido convidados para o casamento. Tendo acabado o vinho, a mãe de Jesus lhe disse: "Eles não têm mais vinho".
>
> Respondeu Jesus: "Que temos nós em comum, mulher? A minha hora ainda não chegou".
>
> Sua mãe disse aos serviçais: "Façam tudo o que ele lhes mandar".
>
> Ali perto havia seis potes de pedra, do tipo usado pelos judeus para as purificações cerimoniais; em cada pote cabia entre oitenta a

cento e vinte litros. Disse Jesus aos serviçais: "Encham os potes com água". E os encheram até a borda. Então lhes disse: "Agora, levem um pouco do vinho ao encarregado da festa". Eles assim o fizeram, e o encarregado da festa provou a água que fora transformada em vinho, sem saber de onde este viera, embora o soubessem os serviçais que haviam tirado a água. Então chamou o noivo e disse: "Todos servem primeiro o melhor vinho e, depois que os convidados já beberam bastante, o vinho inferior é servido; mas você guardou o melhor até agora".

Este sinal miraculoso, em Caná da Galileia, foi o primeiro que Jesus realizou. Revelou assim a sua glória, e os seus discípulos creram nele. (João 2:1-11)

1. João afirma que Jesus e seus discípulos foram convidados para um casamento (cf. o versículo 2). O que isso nos diz sobre a vida social de Jesus? O que isso lhe diz sobre quem Jesus é?

2. Em certo momento, Maria se voltou para Jesus e lhe disse que o vinho tinha acabado (cf. o versículo 3). Por que Maria decidiu fazer essa declaração a Jesus? O que isso lhe diz sobre como Maria via Cristo?

3. Como vocês discutiram nesta semana, a tradução mais literal das palavras de Jesus em João 2:4 parece ser: "Mãe, suas preocupações e as minhas não são as mesmas". É como se Jesus

carregasse consigo uma agenda e tivesse em mente um momento específico no qual ele planejava revelar seu poder ao mundo — e esse dia em Caná não era esse momento. Em vista dessa informação, o que isso lhe diz sobre Jesus quando ele decidiu realizar o milagre mesmo assim?

4. Havia seis jarros de água no casamento, cada um com um volume de 75 a 115 litros. Isso significa que Jesus transformou entre 450 e 690 litros de água em vinho. O que há de significativo no fato de que Jesus forneceu essa abundância ao realizar o milagre? O que isso diz sobre a maneira como ele provê quando você o procura com seus pedidos?

5. Como João descreve a qualidade do vinho (cf. o versículo 10)? O que a qualidade do vinho nos diz sobre Jesus, sua generosidade e seu poder?

ESTUDO PESSOAL ENTRE AS SESSÕES

6. Diga algo que você aprendeu sobre Jesus com essa história. Essa história ajudou você a ver Jesus de outra maneira? Como?

Oração: João começa seu evangelho com uma linda confissão de quem Jesus era desde o início da criação até ele vir para a terra. Leia João 1:1-4 e 14 como sua oração hoje. Leia os versículos lentamente e quantas vezes você quiser. Observe que "a Palavra" se refere ao próprio Cristo.

VOCÊ NUNCA ESTÁ SÓ

DEUS NO SEU ORDINÁRIO

O milagre no casamento em Caná não foi uma cura, nem uma libertação, nem uma ressurreição. Jesus simplesmente *transformou água em vinho*. Um feito incrível... Mas qual foi o sentido daquilo? Comparado com os outros milagres de Jesus, neste ele realizou algo bastante ordinário. Contudo, como você discutiu nesta semana, a mensagem seja talvez justamente esta: *a normalidade de tudo isso*. Hoje, passe algum tempo estudando e refletindo sobre como Deus interage com você em sua vida e no seu dia a dia ordinário.

1. Deus alguma vez respondeu a um "grande pedido" em sua vida? Alguma vez ele respondeu a um "pequeno pedido"? Quais foram seus pedidos? Como Deus respondeu?

2. João escreve: "Esta é a confiança que temos ao nos aproximarmos de Deus: se pedirmos *alguma coisa* de acordo com a sua vontade, ele nos ouve. E se sabemos que ele nos ouve em tudo o que pedimos, sabemos que temos o que dele pedimos" (1João 5:14-15, grifo meu). No espaço abaixo, faça uma lista de problemas importantes que estão causando ansiedade em sua vida usando a coluna "Grandes". Anote pequenos problemas que estão causando ansiedade em sua vida na coluna "Pequenos".

ESTUDO PESSOAL ENTRE AS SESSÕES

GRANDES	PEQUENOS

3. Quais itens de sua lista você tem apresentado recentemente a Deus em oração? Por quais você ainda não orou? Por quê?

4. Algo que diferencia o cristianismo de outras religiões é a intimidade que Deus tem com seu povo. Desde o Antigo Testamento até o Novo Testamento, Deus é retratado como um Deus que se envolve, que está presente e próximo — que não é frio nem distante. Como vimos, Deus se envolveu tanto com sua criação, que veio para morar entre nós na forma de Jesus. Isso nos dá a esperança de que Deus realmente se importa com as partes ordinárias da nossa vida e de que podemos apresentar tudo a ele. Jesus disse o seguinte em um de seus ensinamentos:

"Peçam, e lhes será dado; busquem, e encontrarão; batam, e a porta lhes será aberta. Pois todo o que pede, recebe; o que busca, encontra; e àquele que bate, a porta será aberta. Qual de vocês, se seu filho pedir pão, lhe dará uma pedra? Ou se pedir peixe, lhe dará uma cobra? Se vocês, apesar de serem maus, sabem dar boas coisas aos seus filhos, quanto mais o Pai de vocês, que está nos céus, dará coisas boas aos que lhe pedirem! Assim, em tudo, façam aos outros o que vocês querem que eles lhes façam; pois esta é a Lei e os Profetas". (Mateus 7:7-12)

O que acontece quando você pede, busca e bate na porta (cf. versículo 7)? Isso cobre quais tipos de pedidos? O que é significativo em relação a esse fato?

ESTUDO PESSOAL ENTRE AS SESSÕES

5. Que metáfora Deus usa para descrever seu Pai no céu (cf. versículos 9-10)? Como isso ajuda você a entender como Deus é e como ele cuida de você?

6. Essa passagem termina com um versículo que costuma ser chamado de "Regra Dourada": "Assim, em tudo, façam aos outros o que vocês querem que eles lhes façam" (versículo 12). Isso pode parecer meio fora do lugar, mas como as palavras de Jesus nos versículos 7-11 apoiam essa ideia?

Oração: Faça a seguinte oração: *"Deus, conscientiza-me de tua presença hoje. Permite-me ouvir a tua voz enquanto eu trabalho, passo tempo com meus amigos, faço tarefas ou cuido da minha família. Confesso que nem sempre acredito que tu te importas com os momentos normais da minha vida, mas preciso de ajuda até mesmo nas menores coisas, como minha atitude, meu nível de energia, paciência e trabalho. Lembra-me de entregar cada medo e ansiedade a ti, não importa quão pequeno seja. Obrigado por te importares comigo e com as partes ordinárias da minha vida. Obrigado por ser um bom Pai"*. Ao tratar das coisas do dia, envolva Deus em sua vida e em suas tarefas ordinárias. Peça coisas pequenas e coisas grandes. Preste atenção na presença dele e naquilo que ele pode estar lhe dizendo.

PARA UMA REFLEXÃO ADICIONAL

Reflita sobre o que você estudou nesta semana: milagres, caráter de Cristo e envolvimento de Deus com seu dia a dia. Anote seus pensamentos, escreva-os como uma oração a Deus ou faça perguntas sobre o que você aprendeu, agradecendo a ele por aquilo que aprendeu, ou ainda buscando respostas dele sobre o que fazer a seguir, agora que você entende melhor esses temas bíblicos. Anote também quaisquer observações ou perguntas que queira apresentar ao seu grupo na próxima reunião.

Para a próxima semana: Preparando-se para a próxima semana, leia os capítulos 3-4 de *Você nunca está só*.

— SESSÃO DOIS —

Deus está contigo quando você está preso

Há em Jerusalém, perto da porta das Ovelhas, um tanque [...]. Um dos que estavam ali era paralítico fazia trinta e oito anos. Quando o viu deitado e soube que ele vivia naquele estado durante tanto tempo, Jesus lhe perguntou: "Você quer ser curado?"

João 5:2,5-6

ABERTURA

Bloqueio criativo. Um obstáculo intransponível. Uma encruzilhada na estrada. Um pneu atolado. Todos sabem como é estar preso. Preso num impasse. Preso em casa. Preso a um leito no hospital. Preso num emprego que parece um beco sem saída. É um sentimento de impotência e falta de esperança.

Talvez você consiga se identificar. Talvez você tenha chegado ao fim de sua sabedoria. Você está sem opções, sem recursos e sem paciência. Você está tentando sair de uma situação difícil, mas tentou de tudo e nada funcionou. Ou talvez você esteja preso porque simplesmente não sabe o que fazer. Ou talvez — e isso é difícil de admitir — não *quer* tomar nenhuma medida, porque você se acomodou em sua prisão. Ficou confortável para você... Previsível. E o que aconteceria se você se *libertasse*? A perspectiva é mais angustiante do que excitante.

Hoje estudaremos dois milagres diferentes que João relata em seu evangelho. Em cada história, o recipiente estava preso. Um deles tinha feito de tudo para ajudar seu filho moribundo. O outro era incapaz de andar havia 38 anos. As circunstâncias de ambos pareciam não poder mudar. Mas isso não impediu Jesus. Como acontece com todos os seus milagres, ele não se satisfez em simplesmente curar as necessidades físicas apresentadas a ele. Ele foi direto ao coração.

Onde você está hoje? Você está preso porque chegou ao fim de sua sabedoria? Ou você está preso porque não sabe como uma cura se daria? Em todo caso, Jesus aceita você. Ele quer que você apresente seus problemas a ele. Ele quer ajudar você a se libertar, independentemente da razão pela qual você está preso. Mas saiba que ele não largará você ali. Nosso Deus está no negócio de mudar e amolecer corações, para que eles se tornem mais parecidos com o coração dele.

Isso nem sempre é um processo fácil. Cada cirurgia exige um tempo de recuperação. Cada ferida exige pontos. Mas saiba que, quando você está nas mãos do Curador, a cura é tenra e completa. Ele não deixa nenhuma ferida sem tratá-la. Ele não permite que nenhum coração continue rompido.

COMPARTILHE

Se você ou qualquer um dos membros de seu grupo estão se encontrando pela primeira vez, separe alguns minutos para se apresentarem uns aos outros e compartilharem quaisquer percepções que tenham tido do estudo pessoal da semana passada.

Em seguida, inicie esse tempo em grupo discutindo uma das seguintes perguntas:

- Em qual área você se sente preso hoje? Se você não estiver preso no momento, você se lembra de um tempo em seu passado em que se sentiu preso?

— *ou* —

- Quando você descobre que está preso em uma área de sua vida, quais são algumas das suas estratégias para se libertar?

LEIA

Convide alguém para ler a seguinte passagem em voz alta. Fique atento a percepções novas enquanto ouve a leitura dos versículos e depois discuta as perguntas abaixo.

> Havia um fariseu chamado Nicodemos, uma autoridade entre os judeus. Ele veio a Jesus, à noite, e disse: "Mestre, sabemos que ensinas da parte de Deus, pois ninguém pode realizar os sinais miraculosos que estás fazendo, se Deus não estiver com ele".
>
> Em resposta, Jesus declarou: "Digo-lhe a verdade: Ninguém pode ver o Reino de Deus, se não nascer de novo".

Perguntou Nicodemos: "Como alguém pode nascer, sendo velho? É claro que não pode entrar pela segunda vez no ventre de sua mãe e renascer!"

Respondeu Jesus: "Digo-lhe a verdade: Ninguém pode entrar no Reino de Deus, se não nascer da água e do Espírito. O que nasce da carne é carne, mas o que nasce do Espírito é espírito. Não se surpreenda pelo fato de eu ter dito: É necessário que vocês nasçam de novo.

O vento sopra onde quer. Você o escuta, mas não pode dizer de onde vem nem para onde vai. Assim acontece com todos os nascidos do Espírito".

Perguntou Nicodemos: "Como pode ser isso?"

Disse Jesus: "Você é mestre em Israel e não entende essas coisas? Asseguro-lhe que nós falamos do que conhecemos e testemunhamos do que vimos, mas mesmo assim vocês não aceitam o nosso testemunho. Eu lhes falei de coisas terrenas e vocês não creram; como crerão se lhes falar de coisas celestiais?" (João 3:1-12)

Qual é o ponto principal que se destaca para você nessa passagem?

Essa história ocorre após Jesus transformar a água em vinho em Caná e antes do milagre que estudaremos hoje. Como Jesus revelou que Nicodemos estava "preso" em seu pensamento?

DISCUTA

Separe alguns minutos com os membros de seu grupo para discutir os seguintes casos que encontramos nas Escrituras:

1. João escreve sobre dois homens que precisavam de um milagre: o oficial de Cafarnaum e o homem doente junto ao tanque de Betesda. Ambos estavam presos, mas por razões diferentes. Quais eram essas razões? Alguma vez você já se sentiu preso de modos semelhantes?

2. Como o oficial se sentia quando implorou para que Jesus curasse seu filho? Alguma vez você já esteve numa situação semelhantemente desesperadora? A quem você correu para pedir ajuda?

3. Como Jesus reagiu ao homem? Como o homem reagiu a Jesus? Por que você acha que o homem *acreditou* em Jesus?

4. No fim, quem foi curado nesse milagre? O que isso diz sobre o propósito dos milagres de Jesus?

5. O homem junto ao tanque de Betesda estava preso havia 38 anos. Qual foi o período mais longo em que você se sentiu preso numa situação ruim? Quais eram as causas?

6. Como a duração de suas circunstâncias — devido a uma doença, um emprego ruim, uma conta bancária vazia ou outra razão — afetou sua motivação para se libertar?

7. Como você se sentiu em relação à pergunta de Jesus: "Você quer ser curado?" (João 5:6). O que Jesus queria que o homem percebesse ao fazer essa pergunta?

8. Pense numa área em sua vida na qual você se sinta preso hoje. Como você ficou preso? Quais medos e perguntas coincidem com sua libertação?

RESPONDA

Separe alguns minutos para fazer uma lista de passos práticos que você poderia dar para se libertar de uma situação na qual você se sente preso. Lembre-se de que culpa e vergonha não são bons motivadores para uma mudança. Seja generoso consigo mesmo quando refletir sobre medidas que você pode tomar hoje e nos dias seguintes.

ENCERRE

Encerrem seu tempo juntos em oração. Se você precisar de uma oração específica para uma área em sua vida na qual você se sente preso, compartilhe isso com o grupo para que ele possa orar por você. Ore pela sabedoria de Deus para saber quais passos você pode dar para se libertar e peça a graça dele no processo.

Estudo pessoal entre as sessões

Reflita sobre o material que você estudou nesta semana fazendo uma ou todas as atividades entre as sessões. Cada estudo pessoal consiste em várias atividades de reflexão para ajudá-lo a aplicar o que você aprendeu no tempo vivido com o grupo. O tempo que você investir será tempo bem-gasto, portanto permita que Deus o use para aproximar você dele. Na reunião seguinte, compartilhe os principais pontos ou descobertas que se destacaram para você enquanto passava esse tempo com o Senhor.

A ESTRADA DE CANÁ PARA CAFARNAUM

Em seu tempo em grupo nesta semana, você estudou primeiro a história da cura do filho de um oficial. O oficial viajou de Cafarnaum, sua cidade natal, até Caná, onde Jesus se encontrava, para pedir um milagre. Jesus disse ao oficial: "Pode ir. O seu filho continuará vivo"

(João 4:50). Que notícia boa... Mas o homem queria que Jesus voltasse *com ele* para Cafarnaum. Em vez disso, o oficial teve que voltar sozinho, confiando que seu filho realmente viveria.

1. Como você teria se sentido nessa viagem? Esperançoso? Temeroso? Cético? Por quê?

2. Por que Jesus realizou esse milagre dessa forma – não retornando com o homem? Por que às vezes precisamos esperar antes de sermos libertos?

3. A Bíblia está cheia de histórias de pessoas que esperaram um milagre do Senhor. Abraão e Sara esperaram por um filho (cf. Gênesis 21). José esperou para ser solto da prisão (cf. Gênesis 41). Os israelitas esperaram para entrar na Terra Prometida (cf. Josué 3). Isabel esperou por um filho (cf. Lucas 1). Deve existir algum propósito em toda essa espera nas Escrituras! Leia novamente a história do oficial:

> Mais uma vez, ele visitou Caná da Galileia, onde tinha transformado água em vinho. E havia ali um oficial do rei, cujo filho estava doente em Cafarnaum. Quando ele ouviu falar que Jesus tinha chegado à Galileia, vindo da Judeia, procurou-o e suplicou-lhe que fosse curar seu filho, que estava à beira da morte. Disse-lhe Jesus: "Se vocês não virem sinais e maravilhas, nunca crerão".

ESTUDO PESSOAL ENTRE AS SESSÕES

O oficial do rei disse: "Senhor, vem, antes que o meu filho morra". Jesus respondeu: "Pode ir. O seu filho continuará vivo". O homem confiou na palavra de Jesus e partiu. Estando ele ainda a caminho, seus servos vieram ao seu encontro com notícias de que o menino estava vivo. Quando perguntou a que horas o seu filho tinha melhorado, eles lhe disseram: "A febre o deixou ontem, à uma hora da tarde". Então o pai percebeu que aquela fora exatamente a hora em que Jesus lhe dissera: "O seu filho continuará vivo". Assim, creram ele e todos os de sua casa. Esse foi o segundo sinal miraculoso que Jesus realizou, depois que veio da Judeia para a Galileia. (João 4:46-54)

Qual é a pergunta que Jesus faz quando o homem o procura (cf. o versículo 48)? O que isso lhe diz sobre a intenção de Jesus de realizar a cura para esse homem?

4. Como o homem reagiu às instruções de Jesus (cf. versículo 50). Como esperar em Deus pode aumentar nossa fé? Por outro lado, como uma fé maior pode nos ajudar a esperar em Deus?

5. Alguma vez você já experimentou um aumento em sua fé quando esteve esperando por algo? Ou talvez um fortalecimento de seu caráter? Explique.

6. Se você estiver esperando por algo de Deus neste momento, qual poderia ser o propósito de sua espera? Anote seus pensamentos abaixo.

Oração: Identifique sua maior necessidade durante esses tempos em que você está esperando que Deus aja. Você precisa de mais fé, paciência, esperança? Peça que Deus lhe dê essas coisas hoje. Encerre seu tempo contemplando ou lendo em voz alta estas palavras de Salmos 130:5-6: "Espero no Senhor com todo o meu ser, e na sua palavra ponho a minha esperança. Espero pelo Senhor mais do que as sentinelas pela manhã; sim, mais do que as sentinelas esperam pela manhã!"

DEPOIS DE BETESDA

Em seu tempo em grupo nesta semana, você também estudou a história em que Jesus cura o homem junto ao tanque de Betesda. A história revela que, às vezes, é mais fácil (e mais confortável) permanecer preso numa situação. Não saber o que a vida trará depois da mudança pode ser assustador. E às vezes, quando você se liberta, outras pessoas não ficam muito felizes com isso. Talvez elas também estejam presas ou tenham outras razões para não dar apoio. O homem junto ao tanque de Betesda vivenciou isso, como narra o seguinte relato:

> O homem foi contar aos judeus que fora Jesus quem o tinha curado. Então os judeus passaram a perseguir Jesus, porque ele estava fazendo

essas coisas no sábado. Disse-lhes Jesus: "Meu Pai continua trabalhando até hoje, e eu também estou trabalhando". Por essa razão, os judeus mais ainda queriam matá-lo, pois não somente estava violando o sábado, mas também estava até mesmo dizendo que Deus era seu próprio Pai, igualando-se a Deus. (João 5:15-18)

1. Se você conhecesse um homem que esteve doente por 38 anos e que foi curado milagrosamente, qual seria sua reação? Como os judeus reagiram à cura do homem quando ele lhes contou? Por que os judeus ficaram com raiva de Jesus?

2. Alguma vez você já vivenciou um milagre em sua vida, mas as pessoas à sua volta não ficaram tão entusiasmadas quanto você? Por que isso aconteceu? Como você se sentiu?

3. A mensagem de Jesus era radical para os judeus de seu tempo. Ele estava alegando ser o Messias, enviado por Deus. Estava alegando que Deus era seu pai. Isso era algo muito grave para os seguidores do judaísmo, que levavam o nome de Deus a sério e o reverenciavam muito. Os judeus estavam experimentando o que todos nós experimentamos por vezes: *a ameaça de mudança*. Mesmo quando se trata de uma mudança boa, é normal que queiramos nos proteger quando nossa vida é abalada. Você sente alguma resistência a uma mudança em sua vida neste momento? Uma mudança que poderia libertar você de determinada situação? Qual é o motivo da sua resistência? Você se

preocupa com o que os outros pensarão se você permitir essa mudança?

4. Em seguida, João registra as seguintes palavras de Jesus em reação à perseguição que os líderes judeus começaram a direcionar contra ele por curar o homem num sábado:

"Eu tenho um testemunho maior que o de João; a própria obra que o Pai me deu para concluir, e que estou realizando, testemunha que o Pai me enviou. E o Pai que me enviou, ele mesmo testemunhou a meu respeito. Vocês nunca ouviram a sua voz, nem viram a sua forma, nem a sua palavra habita em vocês, pois não creem naquele que ele enviou. Vocês estudam cuidadosamente as Escrituras, porque pensam que nelas vocês têm a vida eterna. E são as Escrituras que testemunham a meu respeito; contudo, vocês não querem vir a mim para terem vida." (João 5:36-40)

Qual é a acusação que Jesus faz aos judeus nessa passagem?

5. Como é possível estudar as Escrituras e ignorar o que Jesus está nos oferecendo?

6. Segundo Jesus, onde podemos encontrar vida eterna (cf. versículo 40)?

Oração: *Com o que você luta hoje quando se trata de mudança? Você está resistindo a tomar a iniciativa que o libertará? As pessoas à sua volta não apoiam o fato de que você vivenciou o amor de Cristo e agora está livre de algo? Você está julgando um amigo, um membro de sua família ou um ente querido pelas mudanças que ele fez na vida? Não importa onde você esteja hoje, apresente essa luta honestamente a Deus em oração.*

MUDANÇAS PEQUENAS, MAS PODEROSAS

No primeiro capítulo de seu evangelho, João relata como Jesus chamou André e Pedro para que o seguissem e se tornassem seus discípulos (cf. João 1:35-42). Lucas relata alguns detalhes adicionais em seu evangelho sobre esse encontro, quando os dois pescadores estavam se sentindo especialmente presos:

> Certo dia Jesus estava perto do lago de Genesaré, e uma multidão o comprimia de todos os lados para ouvir a palavra de Deus. Viu à beira do lago dois barcos, deixados ali pelos pescadores, que estavam lavando as suas redes. Entrou num dos barcos, o que pertencia a Simão, e pediu-lhe que o afastasse um pouco da praia. Então sentou-se, e do barco ensinava o povo.
> Tendo acabado de falar, disse a Simão: "Vá para onde as águas são mais fundas", e a todos: "Lancem as redes para a pesca".

Simão respondeu: "Mestre, esforçamo-nos a noite inteira e não pegamos nada. Mas, porque és tu quem está dizendo isto, vou lançar as redes".

Quando o fizeram, pegaram tal quantidade de peixe que as redes começaram a rasgar-se. Então fizeram sinais a seus companheiros no outro barco, para que viessem ajudá-lo; e eles vieram e encheram ambos os barcos, a ponto de quase começarem a afundar.

Quando Simão Pedro viu isso, prostrou-se aos pés de Jesus e disse: "Afasta-te de mim, Senhor, porque sou um homem pecador!" Pois ele e todos os seus companheiros estavam perplexos com a pesca que haviam feito, como também Tiago e João, os filhos de Zebedeu, sócios de Simão.

Então Jesus disse a Simão: "Não tenha medo; de agora em diante você será pescador de homens".

Eles então arrastaram seus barcos para a praia, deixaram tudo e o seguiram. (Lucas 5:1-11)

1. Como Pedro reagiu ao pedido de Jesus de "ir para onde as águas são mais fundas" e "lançar as redes" (cf. versículos 4-5)? Por que ele relutou em cumprir esse pedido?

2. Pedro e os outros estiveram pescando a noite toda, então podemos supor que eles também tinham ido às águas fundas e lançado suas redes. Independentemente disso, por que Pedro concordou em fazer o que Jesus pediu?

ESTUDO PESSOAL ENTRE AS SESSÕES

3. O que aconteceu quando os pescadores seguiram as instruções de Jesus?

4. Alguma vez você fez uma mudança pequena em sua vida, que acabou fazendo uma grande diferença? O que você fez? O que o inspirou a fazer a mudança? Como isso afetou seu estado de estar preso?

5. Pense mais uma vez em alguma área da sua vida na qual você se sente preso atualmente. Que mudança pequena você poderia fazer nessa situação?

6. O que essa história lhe diz sobre a importância de ser obediente a Deus até mesmo nas coisas pequenas da vida?

Oração: Faça a seguinte oração: *"Deus, ajuda-me nas áreas em que me sinto preso na vida. Nem sempre sei como me libertar, o que mudar ou que passo dar em direção a uma mudança. Mostra-me as pequenas coisas que eu posso fazer agora e que farão uma grande diferença em minha vida, no meu coração e nos meus relacionamentos. Dá-me ouvidos para ouvir e olhos para ver, para que eu possa seguir o caminho de Jesus e não permanecer preso para* *sempre. Obrigado por me amar onde eu estou e obrigado por me amar demais para me largar onde eu estou. Eu oro em nome de Jesus, amém".*

REFLEXÃO ADICIONAL

Use o espaço abaixo para refletir ainda mais sobre o que você estudou nesta semana: esperar em Deus, o que acontece quando você fica preso e o poder de fazer pequenas mudanças. Anote seus pensamentos, escreva-os como uma oração a Deus ou faça perguntas sobre o que você aprendeu, agradecendo a ele por aquilo que aprendeu, ou ainda buscando respostas dele sobre o que fazer a seguir, agora que você entende melhor esses temas bíblicos. Anote também quaisquer observações ou perguntas que queira apresentar ao seu grupo na próxima reunião.

Para a próxima semana: A fim de preparar-se para a próxima semana, leia os capítulos 5-6 de *Você nunca está só*.

— SESSÃO TRÊS —

Deus está com você na tempestade

Soprava um vento forte, e as águas estavam agitadas. Depois de terem remado cerca de cinco ou seis quilômetros, viram Jesus aproximando-se do barco, andando sobre o mar, e ficaram aterrorizados. Mas ele lhes disse: "Sou eu! Não tenham medo!"

João 6:18-20

ABERTURA

Ficamos maravilhados com um arco-íris por uma razão. Ele é uma vista incrível no céu e representa a calma que segue à tempestade. Mas um arco-íris é a última coisa em que pensamos quando estamos *no meio* de uma tempestade. Estamos simplesmente tentando sobreviver a ela, sair dela ou nos afastar dela. É fácil concentrar-se no problema, naquilo que está causando a tempestade, de modo que ignoramos o que está acontecendo no meio dela.

No estudo de hoje, analisaremos dois outros milagres de Jesus que João relata em seu evangelho. O primeiro é a alimentação dos 5 mil homens (além das mulheres e crianças) por Jesus, e o segundo é a salvação dos discípulos em meio a uma tempestade no mar da Galileia. Esses milagres provam duas coisas: 1) Jesus está conosco na tempestade e 2) ele sabe como nos tirar dela.

Ambas as verdades são essenciais quando enfrentamos adversidades. A adversidade nos cega, tornando difícil que vejamos uma saída ou experimentemos a presença de Cristo. Jesus pode resolver nossos problemas, mas ele também quer que saibamos que ele está conosco no meio deles, e não só quando tudo tiver passado.

Pense em seu relacionamento mais próximo. Talvez seja o relacionamento com o cônjuge ou um velho amigo. O que os aproximou ao longo dos anos? O que fez com que seu relacionamento durasse tanto? É provável que vocês tenham vivido tempos difíceis juntos e conseguiram e conseguiram nadar até a outra margem do rio. Isso enfraqueceu ou fortaleceu seu relacionamento? O fato de vocês não terem abandonado um ao outro em meio à adversidade significa, provavelmente, que isso fortaleceu seu relacionamento.

O mesmo se aplica a Cristo. Ele não existe apenas para ser seu solucionador de problemas. Ele não aparece apenas no arco-íris ou na luz no fim do túnel. Ele está presente para enfrentar a tempestade ao seu lado, com você, enquanto você estiver passando por ela. Tempestades fortalecem relacionamentos. Jesus não sai correndo quando uma tempestade aparece. Ele continua tão próximo como sempre.

Ao estudar esses milagres, pergunte-se onde Jesus poderia estar em sua tempestade. Você sentiu a presença dele recentemente? Ou se concentrou demais no problema? Jesus pode tirá-lo da tempestade, mas ele também quer te deixar ciente de que você nunca está sozinho no meio dela.

COMPARTILHE

Comece sua sessão em grupo pedindo a todos que compartilhem suas descobertas feitas no estudo pessoal da última semana. Então, discuta uma das seguintes perguntas:

- Quando está passando por um período difícil, você é o tipo de pessoa que vê o copo meio cheio ou meio vazio? Explique.

— ou —

- Quando está passando por um período de tempestades em sua vida, onde você costuma procurar consolo?

LEIA

Convide alguém para ler a seguinte passagem em voz alta. Fique atento a novas percepções enquanto ouve a leitura dos versículos, depois discuta as perguntas abaixo:

Ao anoitecer seus discípulos desceram para o mar, entraram num barco e começaram a travessia para Cafarnaum. Já estava escuro, e Jesus ainda não tinha ido até onde eles estavam.

Soprava um vento forte, e as águas estavam agitadas. Depois de terem remado cerca de cinco ou seis quilômetros, viram Jesus aproximando-se do barco, andando sobre o mar, e ficaram aterrorizados. Mas ele lhes disse: "Sou eu! Não tenham medo!" Então se animaram a recebê-lo no barco, e logo chegaram à praia para a qual se dirigiam. (João 6:16-21).

Qual é o ponto que se destaca para você nessa passagem?

Em que momento Jesus apareceu aos discípulos? O que isso nos diz sobre a presença de Jesus em nossas próprias tempestades?

DISCUTA

Separe alguns minutos com os membros do seu grupo para abrir um debate e explorar esses conceitos bíblicos.

1. O dia em que Jesus realizou os milagres de alimentar os 5 mil e de andar sobre a água tinha começado com a notícia de que João Batista havia sido morto pelo rei Herodes. O rei Herodes também mandara avisar que pretendia matar Jesus. De que forma esse contexto afeta a maneira como você vê os milagres realizados por Jesus? O que isso diz sobre quem é Jesus?

2. Como André e Filipe responderam à pergunta de Jesus: "Onde compraremos pão para esse povo comer?" (João 6:5). Você acha que teria respondido a Jesus dessa maneira? Por quê? Ou por que não?

3. O que representa essa multidão em sua vida neste momento? Contas, problemas relacionais, perguntas sobre sua fé? Como isso faz você se sentir? Como isso afeta seu dia a dia?

4. O que aconteceu com a oferta do garoto nessa história de Jesus alimentar os 5 mil? Como isso poderia dar esperança à sua própria história desse "povo"?

5. Jesus realizou dois milagres diferentes em meio à tempestade no mar da Galileia. Leia Marcos 4:35-41. Como esse milagre se diferencia daquele que você ouviu hoje?

6. Na história contada no Evangelho de João, embora a tempestade ainda não tivesse sido acalmada, como você acha que os discípulos se sentiram quando perceberam que o homem andando sobre a água era Jesus?

7. O nome que Jesus usou para anunciar a sua chegada era o mesmo que Deus usou no Antigo Testamento: Eu Sou. Por que é importante que Jesus tenha se identificado com esse nome?

8. Alguma vez você já sentiu paz *em meio* a uma tempestade em sua vida não quando ela já passou, mas no meio dela? O que causou essa paz?

ENCERRE

Encerre esta sessão com um período de oração mais extenso com seu grupo. Dividam-se em grupos de dois para compartilhar pedidos de oração e orar uns pelos outros. Então voltem para o grupo e usem as perguntas a seguir como um guia para passarem alguns momentos em silêncio. Uma pessoa pode fazer essas perguntas em voz alta ou vocês podem lê-las individualmente em silêncio.

- Quando foi a última vez que você experimentou a presença de Jesus em sua vida?
- Lembrando-se dos últimos dias, você consegue identificar um momento em que Jesus esteve presente?
- Como Jesus poderia estar presente na tempestade que você está enfrentando atualmente? O que ele está lhe dizendo?

- Como a presença de Jesus poderia ser uma ajuda durante esse tempo?

Encerre o encontro direcionando para que uma pessoa ore em voz alta pedindo que o grupo vivencie a presença de Jesus de maneira maravilhosa durante a próxima semana.

Estudo pessoal entre as sessões

Reflita sobre o material que você estudou nesta semana fazendo uma ou todas as atividades entre as sessões. (Antes de começar, sugiro que você leia o capítulo 2 de *Você nunca está só*.) Cada estudo pessoal consiste em várias atividades de reflexão para ajudá-lo a aplicar o que você aprendeu no grupo. O tempo que você investir será tempo bem-investido, portanto permita que Deus o use para aproximar você dele. Em sua próxima reunião, compartilhe qualquer um dos pontos centrais ou das percepções que se destacaram para você ao passar esse tempo com o Senhor.

O QUE É SUFICIENTE?

No tempo em grupo desta semana, você estudou o milagre de Jesus ao alimentar 5 mil homens mais mulheres e crianças com poucos pães e peixes. O que parecia não bastar nem de longe para alimentar uma multidão acabou sendo o suficiente para alimentar um exército. Provavelmente você sabe como é não ter tempo, dinheiro ou paciência suficientes em sua própria vida. É fácil acreditar que não temos o suficiente para suprir nossas necessidades, o que suscita a pergunta: *O que é suficiente?*

1. Em relação a que em sua vida você sente que não tem o suficiente neste momento? O que *seria* o suficiente para qualquer que seja a sua carência?

2. Muitas vezes lemos a história de Jesus alimentar os 5 mil como uma história de abundância. Milagrosamente Jesus produziu uma abundância de comida, e nós esperamos que ele produzirá uma abundância em nossa vida. Mas o que aconteceria se lêssemos essa história como uma lição sobre *contentamento*? O que aconteceria se Jesus quisesse que soubéssemos que aquilo que temos nele basta? Leia o relato dessa história no Evangelho de João mais uma vez e responda às perguntas abaixo.

Levantando os olhos e vendo uma grande multidão que se aproximava, Jesus disse a Filipe: "Onde compraremos pão para esse povo comer?" Fez essa pergunta apenas para pô-lo à prova, pois já tinha em mente o que ia fazer.

Filipe lhe respondeu: "Duzentos denários não comprariam pão suficiente para que cada um recebesse um pedaço!" Outro discípulo, André, irmão de Simão Pedro, tomou a palavra: "Aqui está um rapaz com cinco pães de cevada e dois peixinhos, mas o que é isto para tanta gente?"

ESTUDO PESSOAL ENTRE AS SESSÕES

Disse Jesus: "Mandem o povo assentar-se". Havia muita grama naquele lugar, e todos se assentaram. Eram cerca de cinco mil homens. Então Jesus tomou os pães, deu graças e os repartiu entre os que estavam assentados, tanto quanto queriam; e fez o mesmo com os peixes.

Depois que todos receberam o suficiente para comer, disse aos seus discípulos: "Ajuntem os pedaços que sobraram. Que nada seja desperdiçado". Então eles os ajuntaram e encheram doze cestos com os pedaços dos cinco pães de cevada deixados por aqueles que tinham comido. (João 6:5-13)

Quantos pães e peixes havia ali? Quanto cada um da multidão acabou comendo? Quando os discípulos pararam de servir comida?

3. Esse milagre prova o ditado "Com pouco se chega longe". O que seria um exemplo disso em sua vida? (Talvez seja algo que envolva materiais palpáveis, como dinheiro ou comida, ou coisas imateriais, como amor e paciência.) Explique sua resposta.

4. Por que você acha que é tão tentador querer mais do que você realmente precisa? Do que você realmente *precisa* mais em sua vida hoje? E o que você já tem em medida suficiente?

5. Alguma vez você já recebeu mais do que precisava, mas então quis mais do que aquilo? Você recebeu um aumento, por exemplo... mas queria mais dinheiro? Ou você recebeu uma casa... mas então decidiu que queria uma casa maior? Por que você queria mais?

6. O que esse milagre diz sobre contentamento? Como você pode aplicar esse modelo de contentamento ao que lhe está faltando hoje?

Oração: Use seu tempo de oração hoje para expressar gratidão ao Senhor. Faça uma lista daquilo que ele proveu e pelo qual você é grato. Agradeça a ele por cada item na lista e então peça uma atitude de contentamento para que você possa se concentrar naquilo que tem, e não naquilo que deseja.

ATRAVESSANDO A TEMPESTADE

Durante uma tempestade, o instinto natural é procurar algum abrigo. Mas às vezes isso não é possível. Como os discípulos no mar da Galileia, há vezes em que você não tem escolha senão atravessar a tempestade. O dinheiro simplesmente não aparece. O relacionamento não é consertado. A doença não vai embora. Em tempos assim, a única maneira de sair da tempestade é atravessá-la. Talvez seja por isso que Jesus realizou esse milagre nesse mar — para mostrar que ele

ESTUDO PESSOAL ENTRE AS SESSÕES

estava *com* os discípulos enquanto eles atravessavam a tempestade. Da mesma forma, você pode saber que ele estará presente enquanto você atravessar a sua tempestade.

1. Como você costuma enfrentar as tempestades em sua vida? Quais são seus mecanismos para lidar com tempos difíceis? Seus mecanismos são eficazes? Por quê? Por que não?

2. É fácil ver a Bíblia como um livro que contém soluções mágicas para problemas, mas, se você olhar com atenção, existem menos soluções do que sugestões para atravessar tempos difíceis. O propósito da nossa fé não é usá-la para *evitar* dor, mas como uma ajuda *durante* a dor. Vemos isso claramente no livro de Salmos, que é uma coleção de poemas que não só louvam a Deus, mas também expressam a angústia, dor e confusão do autor. Os Salmos retratam lindamente como é estar no meio de uma tempestade, como mostra o seguinte salmo:

> Como a corça anseia por águas correntes,
> a minha alma anseia por ti, ó Deus.
> A minha alma tem sede de Deus, do Deus vivo.
> Quando poderei entrar para apresentar-me a Deus? Minhas lágrimas têm sido o meu alimento de dia e de noite,
> pois me perguntam o tempo todo: "Onde está o seu Deus?"
> Quando me lembro destas coisas choro angustiado.
> Pois eu costumava ir com a multidão, conduzindo a procissão à casa de Deus, com cantos de alegria e de ação de graças entre a multidão que festejava.

> Por que você está assim tão triste, ó minha alma?
> Por que está assim tão perturbada dentro de mim?
> Ponha a sua esperança em Deus!
> Pois ainda o louvarei; ele é o meu Salvador e o meu Deus.
> A minha alma está profundamente triste;
> por isso de ti me lembro desde a terra do Jordão,
> das alturas do Hermom, desde o monte Mizar.
> Abismo chama abismo ao rugir das tuas cachoeiras;
> todas as tuas ondas e vagalhões se abateram sobre mim.
> Conceda-me o Senhor o seu fiel amor de dia;
> de noite esteja comigo a sua canção. É a minha oração ao Deus que me dá vida.
> Direi a Deus, minha Rocha: "Por que te esqueceste de mim?
> Por que devo sair vagueando e pranteando, oprimido pelo inimigo?"
> Até os meus ossos sofrem agonia mortal
> quando os meus adversários zombam de mim,
> perguntando-me o tempo todo: "Onde está o seu Deus?"
> Por que você está assim tão triste, ó minha alma? Por que está assim tão perturbada dentro de mim? Ponha a sua esperança em Deus! Pois ainda o louvarei; ele é o meu Salvador e o meu Deus. (Salmos 42:1-11)

Marque quaisquer expressões de dor que o salmista usa. O que essas expressões lhe dizem sobre o que o salmista estava atravessando e o que ele estava sentindo?

ESTUDO PESSOAL ENTRE AS SESSÕES

3. Agora marque todas as perguntas que o salmista faz. Alguma delas lembra você das perguntas que você está fazendo ou tem feito durante uma tempestade? Qual?

4. Agora marque as passagens esperançosas desse salmo, nas quais o salmista louva a Deus ou parece romper a sua dor. Por que o salmista foi capaz de ter esperança e louvar a Deus mesmo em meio a uma dor tão terrível?

5. Observe como as emoções do salmista parecem mudar de versículo a versículo. Em sua opinião, por que isso acontece?

6. Como esse vai e vem de emoções reflete corretamente as temporadas tempestuosas da vida?

Oração: Identifique onde você está em sua temporada tempestuosa. Você está sentindo uma dor profunda ou é capaz de louvar a Deus e encontrar esperança? Não importa onde você esteja. Na passagem que você leu hoje, o salmista foi honesto com Deus sobre suas perguntas e sentimentos. Então, também seja honesto com Deus. Diga-lhe onde você está. Louve-o se for capaz. Ou faça a ele as perguntas difíceis que têm ocupado sua mente. Se servir como ajuda, use esse salmo como um guia para o seu tempo de oração.

O GRANDE "Eu Sou"

Quando Jesus estava se aproximando dos discípulos na tempestade, ele se identificou como "Eu Sou" (cf. João 6:20). Era um nome que Deus vinha usando desde a história de Moisés e a sarça ardente no livro de Êxodo – um título de constância e poder. Isso é importante, pois Jesus estava anunciando sua identidade e seu poder divino aos discípulos. Se você prestar atenção, ele anunciará o mesmo quando você atravessar suas tempestades na vida.

1. Como observado acima, a primeira vez que Deus chama a si mesmo de "Eu Sou" ocorre quando ele está falando com Moisés junto à sarça ardente. Deus dá a Moisés a responsabilidade de libertar os israelitas da escravidão. Leia o seguinte relato desse encontro e responda às perguntas abaixo.

"Vá, pois, agora; eu o envio ao faraó para tirar do Egito o meu povo, os israelitas".

Moisés, porém, respondeu a Deus: "Quem sou eu para apresentar-me ao faraó e tirar os israelitas do Egito?".

Deus afirmou: "Eu estarei com você. Esta é a prova de que sou eu quem o envia: quando você tirar o povo do Egito, vocês prestarão culto a Deus neste monte".

Moisés perguntou: "Quando eu chegar diante dos israelitas e lhes disser: O Deus dos seus antepassados me enviou a vocês, e eles me perguntarem: 'Qual é o nome dele?' Que lhes direi?"

ESTUDO PESSOAL ENTRE AS SESSÕES

Disse Deus a Moisés: "Eu Sou o que Sou. É isto que você dirá aos israelitas: Eu Sou me enviou a vocês". (Êxodo 3:10-14)
Como Moisés respondeu ao chamado de Deus para libertar os israelitas do Egito (cf. versículo 11)? Como Deus reagiu à hesitação de Moisés (cf. versículo 12)?

2. A expressão "Eu Sou" no versículo 14 usa o mesmo verbo hebraico do versículo 12, em que Deus diz: "Eu estarei com você". Deus estava dizendo a Moisés que aquele que o chamava era o mesmo que estaria com ele. Como é lindo o fato de que Deus inscreveu em seu próprio nome a promessa de estar conosco! O que Deus queria que Moisés entendesse nessa passagem sobre quem Deus era e quem Moisés era?

3. De certa forma, Moisés também estava numa tempestade. Ele tinha sido informado de que seria aquele que lideraria esse feito milagroso de libertar os israelitas, mas não sabia como isso poderia ser feito. Se você continuar a ler a história de Moisés, verá que ele passou por muitas tempestades enquanto seu povo atravessava o deserto, mas ele sempre tinha consigo a promessa do Eu Sou. Num tempo difícil, é normal perguntar: *Quando e como isso terminará?* Mas e se em vez disso você perguntasse: *Quem é Deus neste tempo?* Como essa pergunta mudaria sua perspectiva?

4. Pense naquilo que você aprendeu sobre Jesus até agora por meio do estudo de seus milagres. Quais qualidades Jesus tem que fazem de sua presença um consolo durante uma tempestade?

5. O nome Eu Sou é um símbolo de constância e poder. Que promessa você precisa mais no dia de hoje, a constância ou o poder de Jesus? Por quê?

6. Não importa se você está no meio de uma tempestade, no início de uma ou se a tempestade finalmente já passou. Como você convidará o Eu Sou para estar contigo onde quer que você esteja hoje?

Oração: Leia esta oração em silêncio ou em voz alta: *"Deus, obrigado por tua promessa de estar comigo. Obrigado por tua promessa do Eu Sou. Ajuda-me a me agarrar a essa promessa hoje. Ajuda-me a ver claramente quem tu és, mesmo em meio a esta tempestade que deixou minha vida confusa. Revela teu caráter e me mostra como confiar mais em ti. Que meu coração* *possa se parecer mais com o teu quando esta tempestade tiver passado. Digo tudo isso em nome de Jesus, que veio para encarnar o Eu Sou. Amém".*

REFLEXÃO ADICIONAL

Use o espaço abaixo para refletir ainda mais sobre o que você estudou nesta semana: contentamento, como atravessar uma tempestade e a promessa de que o Eu Sou estará com você em cada provação. Anote seus pensamentos, escreva-os como uma oração a Deus ou faça perguntas sobre o que você aprendeu, agradecendo a ele por aquilo que aprendeu ou buscando respostas dele sobre o que fazer em seguida, agora que entende melhor esses temas das Escrituras. Anote também quaisquer observações ou perguntas que você queira apresentar ao grupo na próxima reunião.

Para a próxima semana: Para se preparar para a próxima semana, leia o capítulo 7 de *Você nunca está só*.

— SESSÃO QUATRO —

Deus está com você na escuridão

> Tornaram, pois, a perguntar ao cego: "Que diz você a respeito dele? Foram os seus olhos que ele abriu". O homem respondeu: "Ele é um profeta". [...] Pela segunda vez, chamaram o homem que fora cego e lhe disseram: "Para a glória de Deus, diga a verdade. Sabemos que esse homem é pecador". Ele respondeu: "Não sei se ele é pecador ou não. Uma coisa sei: eu era cego e agora vejo!"
>
> **João 9:17, 24-25**

ABERTURA

Se você é cristão, é provável que se lembre do momento em que aceitou a Cristo. Lembre-se daquele momento agora. Onde você estava? O que você sentiu e experimentou? Como era a sua vida após vir a Jesus em comparação com o que ela tinha sido antes?

Quando você experimenta o amor de Cristo pela primeira vez, é possível que se sinta como se estivesse vendo pela primeira vez. Cores mais vívidas... As árvores, o céu e o canto dos pássaros... Tudo é mais lindo. O amor de Jesus nos transforma e transforma como vemos o mundo, a nós mesmos e aos outros, porque Jesus é a nossa luz e a nossa vida. Como escreveu João: "Nele estava a vida, e esta era a luz dos homens. A luz brilha nas trevas, e as trevas não a derrotaram" (1:4-5).

A escuridão é poderosa e vem em muitas formas: *culpa*, *pecado*, *trauma*, *ansiedade*, *medo*. Quando você está em Cristo, não é que você *nunca* experimentará essas coisas de novo. Mas, em meio a essa escuridão, você terá a luz da esperança e da cura. Você verá a escuridão de nova forma — como algo temporário que não define você e algo do qual você está seguro.

Infelizmente, até mesmo os mais religiosos entre nós ainda podem ficar presos na escuridão se não recebemos a liberdade de Cristo. Nesta semana você estudará um milagre no qual João relata que Jesus deu visão a um homem cego. Embora o feito tenha sido verdadeiramente milagroso, os mais religiosos do grupo — os fariseus — não se impressionaram. A razão? Eles mesmos estavam cegos... não física, mas *espiritualmente*.

Talvez você reconheça uma parte sua nestes personagens: ou nos fariseus, ou no homem cego que experimentou o toque curador de Cristo. Talvez isso traga à sua memória o momento em que você viu pela primeira vez quando aceitou a Cristo. Ou talvez esse momento ainda não tenha acontecido para você. Em todo caso, mantenha os olhos abertos. Não perca o que Jesus tem a te oferecer.

COMPARTILHE

Comece sua sessão em grupo pedindo a todos que compartilhem suas descobertas feitas no estudo pessoal da última semana. Então, discuta uma das seguintes perguntas:

- Se já é um seguidor de Cristo, você se lembra do momento em que acreditou em Jesus? Isso afetou como você via o mundo ou a si mesmo?

— ou —

- Você já teve um lugar escuro em sua vida que foi curado por Jesus? Como foi ver a escuridão ser transformada em luz?

LEIA

Convide alguém para ler a passagem a seguir em voz alta. Fique atento a novas percepções enquanto ouve a leitura dos versículos abaixo, depois discuta as perguntas a seguir.

> No princípio era aquele que é a Palavra. Ele estava com Deus, e era Deus. Ele estava com Deus no princípio. Todas as coisas foram feitas por intermédio dele; sem ele, nada do que existe teria sido feito. Nele estava a vida, e esta era a luz dos homens. A luz brilha nas trevas, e as trevas não a derrotaram.
>
> Surgiu um homem enviado por Deus, chamado João. Ele veio como testemunha, para testificar acerca da luz, a fim de que por meio

dele todos os homens cressem. Ele próprio não era a luz, mas veio como testemunha da luz.

Estava chegando ao mundo a verdadeira luz, que ilumina todos os homens. (João 1:1-9)

Qual é o ponto principal que se destaca para você nessa passagem?

Como cada um de nós é — como João Batista — uma testemunha da luz de Jesus?

DISCUTA

Separe alguns minutos com os membros do seu grupo para abrir um debate e explorar esses conceitos bíblicos.

1. Alguma vez você já se sentiu cego em relação a algo — cego em relação a Cristo, cego em relação a uma área de pecado em sua vida ou cego em relação ao poder de Deus? Que momento, pessoa ou experiência ajudou você a ter uma visão mais clara?

2. Que pergunta os discípulos fizeram a Jesus quando viram o homem cego na estrada? Por que eles fizeram essa pergunta? Qual foi a resposta de Jesus?

3. O que você acha do raciocínio de Jesus de que às vezes enfrentamos adversidades ou doenças para trazer glória para Deus?

Você experimentou isso em sua vida ou conhece alguém que vivenciou isso? Como Deus foi glorificado nessa circunstância difícil?

4. Pode não ter sido agradável para o homem a sensação de quando Jesus passou lama com saliva em seus olhos. Mas cuidado: Deus ainda usa remédios pouco agradáveis para nos ajudar a ver. Alguma vez você teve que tomar um remédio amargo para ver algo que Deus queria mostrar a você? Qual foi o remédio? O que você pôde ver como resultado disso?

5. Por que Jesus decidiu curar o homem cego? O que o homem cego teve que fazer para receber a cura? Que lição você pode aprender com essa história?

6. Nem todos ficaram impressionados com Jesus ao curar o homem cego. Como os fariseus trataram o homem? Por que eles reagiram dessa forma?

7. Alguma vez você vivenciou algo semelhante — alguém em sua vida que não entendeu ou não acreditou na esperança que você tem em Jesus? Como foi essa experiência para você?

8. O que Jesus fez quando descobriu que o homem, cego de nascença, tinha sido expulso de sua comunidade? Que esperança isso lhe dá em sua própria vida?

RESPONDA

Se você usa óculos ou lentes de contato, sabe que diferença tais instrumentos podem fazer... E você só pode imaginar como seria ter uma visão natural perfeita. Passe algum tempo com o grupo imaginando como seria ter uma visão *espiritual* perfeita. O que você saberia e entenderia? Como essa visão afetaria seu comportamento, seus relacionamentos, seus pensamentos e suas atitudes?

ENCERRE

Use as anotações que você fez em sua resposta como lista de pedidos de oração. Peça que uma pessoa ore por todos os pedidos da lista do grupo, clamando para que Deus lhe dê olhos para ver sua vontade, seu amor e sua graça — uma visão espiritual perfeita.

Estudo pessoal entre as sessões

Reflita sobre o material que você estudou nesta semana fazendo uma ou todas as atividades entre as sessões. (Antes de começar, sugiro que você leia o capítulo 2 de *Você nunca está só*.) Cada estudo pessoal consiste em várias atividades de reflexão para ajudá-lo a aplicar o que você aprendeu no grupo. O tempo que você investir será tempo bem-investido, portanto permita que Deus o use para aproximar você dele. Em sua próxima reunião, compartilhe qualquer um dos pontos centrais ou das percepções que se destacaram para você ao passar esse tempo com o Senhor.

CEGADO PELA RELIGIÃO

Como você discutiu nesta semana, embora o homem que era cego de nascença tenha sido milagrosamente curado por Jesus, nem todos ficaram felizes com isso. Semelhantemente ao milagre da Sessão

Dois, quando Jesus curou o paralítico junto ao tanque de Betesda, os líderes religiosos não ficaram felizes com a visão repentina do homem cego. Leia a seguinte passagem e responda às perguntas abaixo.

> Era sábado o dia em que Jesus havia misturado terra com saliva e aberto os olhos daquele homem. Então os fariseus também lhe perguntaram como ele recebera a visão. O homem respondeu: "Ele colocou uma mistura de terra e saliva em meus olhos, eu me lavei e agora vejo".
>
> Alguns dos fariseus disseram: "Esse homem não é de Deus, pois não guarda o sábado".
>
> Mas outros perguntavam: "Como pode um pecador fazer tais sinais miraculosos?" E houve divisão entre eles. (João 9:14-16)

1. Por que esse milagre deixou os fariseus tão agitados? (cf. versículo 16)

2. O sábado, o dia de descanso, era importante para aqueles que seguiam a lei judaica. Quando Jesus produziu argila para os olhos do homem cego, o que ele fez equivalia a fazer massa de pão, que era um dos 39 atos proibidos no sábado. Mesmo assim, o que Jesus fez foi notável. Como essa história revela que os fariseus não entenderam o ponto principal?

3. A Bíblia fala sobre como o estado do nosso coração é mais importante do que a nossa conduta. Em Salmos 51:16-17, lemos: "Não te deleitas em sacrifícios nem te agradas em

ESTUDO PESSOAL ENTRE AS SESSÕES

holocaustos, se não eu os traria. Os sacrifícios que agradam a Deus são um espírito quebrantado; um coração quebrantado e contrito, ó Deus, não desprezarás". O que Deus realmente quer de nós?

4. Jesus disse: "Ai de vocês, mestres da lei e fariseus, hipócritas! Vocês são como sepulcros caiados: bonitos por fora, mas por dentro estão cheios de ossos e de todo tipo de imundície. Assim são vocês: por fora parecem justos ao povo, mas por dentro estão cheios de hipocrisia e maldade" (Mateus 23:27-28). Segundo Jesus, o que faz de alguém um hipócrita? Por que Jesus não se impressionou com o exterior caiado dos fariseus?

5. O que esses versículos dizem sobre como você deve seguir a Deus? O que eles dizem sobre como você pode saber se alguém é um seguidor de Deus?

6. Os milagres de Jesus realizaram o que Deus disse que faria: "Por isso uma vez mais deixarei atônito esse povo com maravilha e mais maravilha" (Isaías 29:14). Como os milagres e as maravilhas nos tiram de nossa mente religiosa e nos ajudam a entrar no nosso coração espiritual?

Oração: Como você viu hoje, às vezes nossa cabeça pode ser um obstáculo para o nosso coração quando se trata da nossa fé. Uma boa maneira de voltar a entrar em contato com as coisas do coração e sair da nossa cabeça é entrando no nosso corpo. Em seu tempo de oração de hoje, faça algo físico, como, por exemplo, uma caminhada, exercícios de alongamento em sua sala ou um passeio de bicicleta. Enquanto isso, fale com Deus. Seja honesto sobre o estado da sua fé — ela está cegada pela religião ou aberta às experiências que Jesus tem para você? Quando terminar, aquiete-se e perceba como essa oração foi para você em comparação com outras orações que você já fez no passado.

JESUS VÊ VOCÊ

Uma das partes mais bonitas da história de cura do homem cego é quando Jesus vai atrás dele até o fim. O homem que agora vê foi expulso por sua sinagoga, sua comunidade e seus pais. No momento que deveria ter sido de maior solidão para esse homem, Jesus aparece diante dele, provando que realmente nos vê em nossa luta. Leia a história pós-milagre que João registra em seu evangelho e então responda às perguntas a seguir.

ESTUDO PESSOAL ENTRE AS SESSÕES

Jesus ouviu que o haviam expulsado, e, ao encontrá-lo, disse: "Você crê no Filho do homem?"

Perguntou o homem: "Quem é ele, Senhor, para que eu nele creia?"

Disse Jesus: "Você já o tem visto. É aquele que está falando com você".

Então o homem disse: "Senhor, eu creio". E o adorou.

Disse Jesus: "Eu vim a este mundo para julgamento, a fim de que os cegos vejam e os que veem se tornem cegos". (João 9:35-39)

1. O fato de Jesus ter ouvido que "o haviam expulsado" (versículo 35) indica que ele e seus discípulos já tinham partido daquela área e continuado sua viagem. Jesus poderia ter considerado o seu trabalho terminado, mas voltou quando ouviu da luta do homem. O que essa preocupação com o homem cego diz sobre como Jesus se sente em relação a você?

2. De acordo com essa passagem, o que Jesus queria que o homem soubesse? O que isso lhe diz sobre a maneira que Jesus cura as pessoas?

3. Alguma vez você já se perguntou se Deus vê você? Talvez esteja se perguntando isso neste momento. O que o faz duvidar se Deus sabe o que você está passando em sua vida?

4. Na Bíblia, Deus tem muitos nomes hebraicos que definem seu caráter. *El Shaddai* é Deus Todo-Poderoso. *Rafa* é o Deus que cura. *El Roi* é o Deus que vê. A origem desse nome se encontra em Gênesis 16, quando uma mulher escrava chamada Hagar fugiu de Abraão e Sara porque Sara a tinha tratado duramente. Um anjo do Senhor apareceu a Hagar no deserto, para onde ela tinha fugido, e lhe deu uma promessa:

Você está grávida
e terá um filho,
e lhe dará o nome de Ismael,
porque o Senhor a ouviu em seu sofrimento.
Ele será como jumento selvagem;
sua mão será contra todos,
e a mão de todos contra ele,
e ele viverá em hostilidade
contra todos os seus irmãos. (Gênesis 16:11-12)

Em reação a isso, Hagar chamou aquele que falou com ela de "Tu és o Deus que me vê" (Gênesis 16:13). Muitas vezes, quando vemos Deus, percebemos que ele nos vê. Descreva uma situação em sua vida na qual você vivenciou que isso é verdade.

ESTUDO PESSOAL ENTRE AS SESSÕES

5. Qual é a luta em sua vida em relação à qual você se pergunta se Deus a vê ou se ele se importa com ela? Você tem procurado Deus nessa luta? Por quê? Ou por que não?

6. Lembre-se de um momento em que você tenha lutado no passado. Em retrospectiva, você consegue identificar onde Deus estava ou como Deus estava operando durante aquele tempo? Explique.

Oração: Invoque El Roi hoje, o Deus que vê, lendo esta oração em silêncio ou em voz alta: *"El Roi, tu és o Deus que me vê. Embora eu saiba disso, às vezes eu me pergunto se tu realmente me vês e se tu realmente te importas comigo. Algumas áreas da minha vida parecem tão difíceis... Pergunto-me se em algum momento as coisas melhorarão e duvido que tu estejas operando naquela parte da minha vida. Hoje não quero duvidar. Quero te invocar, El Roi, o Deus que me vê. Vê minha dor e mágoa. Vê meu coração e meus arrependimentos. Que eu possa te ver assim como tu me vês. Que eu possa me sentir visto e conhecido. Obrigado por tornares isso possível por meio de teu filho Jesus Cristo. Em seu nome eu oro. Amém".*

O REMÉDIO

Como você viu, Jesus é nosso curador, mas isso não significa que a cura seja sempre fácil e sem preocupações. Cura para o nosso corpo físico exige remédios e tempo de recuperação. Muitas vezes sentimos dor antes de nos sentirmos melhores. O mesmo vale para a cura espiritual. Às vezes precisamos passar por algo difícil ou desagradável antes de chegarmos ao outro lado. Muitas vezes Deus usa esses remédios nada agradáveis para nos ajudar a ver. Jesus ofereceu ao homem cego um remédio estranho no milagre que você estudou nesta semana. Leia a seguinte passagem do Evangelho de João e responda às perguntas abaixo.

> Tendo dito isso, ele cuspiu no chão, misturou terra com saliva e aplicou-a aos olhos do homem. Então lhe disse: "Vá lavar-se no tanque de Siloé" [que significa Enviado]. O homem foi, lavou-se e voltou vendo. (João 9:6-7)

1. O que o homem cego deve ter pensado quando ouviu Jesus cuspir em suas mãos? Como foi a sensação quando Cristo aplicou a lama em seus olhos?

2. Essa experiência teria sido diferente se o homem cego pudesse ver o que Jesus estava fazendo?

3. O que você acha que o homem cego pensou que aconteceria se ele se lavasse no tanque de Siloé?

4. Por que o homem obedeceu a Jesus, mesmo não sabendo quem Jesus era?

5. Você já experimentou um remédio difícil, irritante ou nojento para receber cura espiritual? Por que você acha que aquele remédio foi necessário?

6. Em Salmos 119:105, lemos: "A tua palavra é lâmpada que ilumina os meus passos e luz que clareia o meu caminho". No Antigo Testamento, a "palavra" de Deus se refere à lei escrita por Moisés. Para aqueles que creem em Cristo, a "Palavra" se refere ao próprio Jesus. Como Jesus — a "Palavra" e o portador da luz — guia você no caminho que ele quer que você siga neste momento?

Oração: Hoje, fale honestamente com Deus sobre o que você aprendeu neste estudo. Você poderia agradecer a ele por um remédio que ele lhe deu no passado ou fazer perguntas sobre um remédio que você está precisando tomar agora. Seja honesto. Deus quer curar o seu coração.

REFLEXÃO ADICIONAL

Use o espaço abaixo para refletir ainda mais sobre o que você estudou nesta semana: perigos da religião, ser visto por Deus e remédios improváveis. Anote seus pensamentos, escreva-os como uma oração a Deus ou faça perguntas sobre o que você aprendeu, agradecendo a ele por aquilo que aprendeu ou buscando respostas dele sobre o que fazer em seguida, agora que entende melhor esses temas das Escrituras. Anote também quaisquer observações ou perguntas que você queira apresentar ao grupo na próxima reunião.

Para a próxima semana: Para se preparar para a próxima semana, leia o capítulo 8 de *Você nunca está só*.

— SESSÃO CINCO —

Deus está com você no vale

Disse-lhe Jesus: "Eu sou a ressurreição e a vida. Aquele que crê em mim, ainda que morra, viverá; e quem vive e crê em mim, não morrerá eternamente. Você crê nisso?"

João 11:25-26

ABERTURA

O que lhe vem à mente quando pensa na morte? Não deve ser um tema que você ame, mas é importante. Você vivenciou a morte de um ente querido em sua vida? Aceitou a sua própria? Ou você a evita e tenta negar sua realidade? É verdade que a coisa mais certa na vida é também aquela que mais tememos: a *morte*.

No entanto, se você é cristão, tem uma noção de como é ter morrido e de como é estar vivo agora. Você sabe como é andar sobre esta terra sendo um escravo do seu pecado, da sua culpa e do seu arrependimento, e então encontrar Cristo na estrada. De repente sua vida se enche de graça, paz e um senso de perdão. Essa é a transição da morte para uma vida nova. Acontece que essa é a especialidade de Jesus.

Todos os milagres de Jesus são incríveis – curar, transformar água em vinho, devolver a visão a um homem cego –, mas o milagre de Lázaro seja talvez aquele que mais nos enche de maravilha. Nesse milagre, Jesus ressuscitou um homem morto. E ele não o fez imediatamente após a morte do homem. Ele ressuscitou Lázaro *quatro dias* após sua morte. Não pode haver dúvida de que o coração do homem deixou de bater e de que sua respiração parou. Jesus ressuscitou um homem da morte para a vida.

Não ignore a metáfora. Jesus não fez isso simplesmente para nos deixar maravilhados. Esse milagre fala de sua capacidade de ressuscitar cada um de nós. Seu desejo é levar-nos de uma vida na escuridão e morte para uma vida vibrante. Ele quer nos redimir e também perdoar até os piores pecados que cometemos. É por isso que a cruz é um paralelo tão lindo do milagre de Lázaro. A cruz prova a vitória de Cristo sobre a morte. O milagre de Lázaro prova a vitória de Cristo sobre nosso pecado individual.

Como veremos no estudo desta semana, nenhum milagre é mais pessoal para cada um de nós do que aquele que ocorreu quando Jesus finalmente disse: "Está consumado" (João 19:30).

COMPARTILHE

Comece sua sessão em grupo pedindo a todos que compartilhem suas descobertas feitas no estudo pessoal da última semana. Então, discuta uma das seguintes perguntas:

- Alguma vez você já viu a morte de Jesus na cruz como um milagre? Por quê? Ou por que não?

— *ou* —

- Qual é o seu entendimento daquilo que aconteceu na cruz? O que foi consumado?

LEIA

Convide alguém para ler a passagem a seguir em voz alta. Fique atento a novas percepções enquanto ouve a leitura dos versículos, depois discuta as perguntas abaixo:

> Disse Marta a Jesus: "Senhor, se estivesses aqui meu irmão não teria morrido. Mas sei que, mesmo agora, Deus te dará tudo o que pedires".
> Disse-lhe Jesus: "O seu irmão vai ressuscitar".
> Marta respondeu: "Eu sei que ele vai ressuscitar na ressurreição, no último dia".
> Disse-lhe Jesus: "Eu sou a ressurreição e a vida. Aquele que crê em mim, ainda que morra, viverá; e quem vive e crê em mim, não morrerá eternamente. Você crê nisso?"
> Ela lhe respondeu: "Sim, Senhor, eu tenho crido que tu és o Cristo, o Filho de Deus que devia vir ao mundo". (João 11:21-27).

Qual é o ponto principal que se destaca para você nessa passagem?

Marta foi capaz de professar sua fé em Jesus como o Messias mesmo pouco tempo após a morte de seu irmão Lázaro. Por que a fé dela em Jesus ainda era tão forte nesse momento?

DISCUTA

Separe alguns minutos com os membros de seu grupo para abrir um debate e explorar esses conceitos bíblicos.

1. Qual tende a ser a sua reação quando você reflete sobre a morte e o fim de sua própria vida? Por que você reage dessa forma?

2. Leia João 11:21-27. Quais promessas Jesus fez à Marta nessa passagem? Como Marta reagiu a essa promessa de Cristo?

3. Por que Jesus permitiu que Lázaro morresse antes de ele voltar para Betânia?

4. Como as testemunhas foram afetadas quando viram Lázaro ressurgir dentre os mortos? Como isso cumpriu o propósito de Jesus de trazer glória a Deus com esse milagre?

5. A expressão "está consumado" é uma única palavra em grego: *tetelestai*. O que essa palavra tem de importante? O que ela nos diz sobre aquilo que Jesus realizou na cruz?

6. No Antigo Testamento, o primogênito de cada família israelita pertencia legalmente a Deus. No entanto ele permitiu que cada família "redimisse" seu primogênito por meio do pagamento de um preço. Como Deus fez o mesmo por nós quando permitiu que Jesus morresse na cruz?

7. Paulo escreveu: "Deus tornou pecado por nós aquele que não tinha pecado, para que nele nos tornássemos justiça de Deus" (2Coríntios 5:21). Como você descreveria o que isso significa? Como nos tornamos justiça por meio da morte de Jesus na cruz?

8. Lembre-se da pergunta que Jesus fez à Marta: "Você crê nisso?" (João 11:26). É a mesma pergunta que Jesus nos faz quando nos encontramos no meio do vale da morte. Como você responderia a essa pergunta hoje?

ENCERRE

Encerre esta sessão com um período de oração mais extenso com seu grupo. Dividam-se em grupos de dois para compartilhar pedidos de oração e orar uns pelos outros. Se você se sentir à vontade para fazê-lo, compartilhe qualquer área em que você está lutando com a fé neste momento. Orem juntos para que tenham o mesmo tipo de fé que Marta teve em Cristo. Ela disse ao Senhor: "Sim, Senhor, eu tenho crido que tu és o Cristo, o Filho de Deus que devia vir ao mundo" (João 11:27).

Estudo pessoal entre as sessões

Reflita sobre o material que você estudou nesta semana fazendo uma ou todas as atividades entre as sessões. Cada estudo pessoal consiste em várias atividades de reflexão para ajudá-lo a aplicar o que você aprendeu no grupo. O tempo que você investir será tempo bem-investido, portanto permita que Deus o use para aproximar você dele. Em sua próxima reunião, compartilhe qualquer um dos pontos centrais ou percepções que se destacaram para você ao passar esse tempo com o Senhor.

O QUE ACONTECE QUANDO VOCÊ MORRE?

Falar sobre a morte é desagradável. Mas falar sobre a morte no contexto do cristianismo é diferente, pois Jesus nos traz esperança diante do nosso maior desconhecido: o fim da nossa vida. Então, o que a Bíblia realmente diz sobre aquilo que acontece após a morte? Para descobrir, leia as seguintes passagens no estudo pessoal de hoje.

A morte não é definitiva

1. Um tema consistente nas Escrituras é o de que a morte não é o fim da história. É como disse Jesus aos seus discípulos na seguinte passagem:

> "Não se perturbe o coração de vocês. Creiam em Deus; creiam também em mim. Na casa de meu Pai há muitos aposentos; se não fosse assim, eu lhes teria dito. Vou preparar-lhes lugar. E se eu for e lhes preparar lugar, voltarei e os levarei para mim, para que vocês estejam onde eu estiver. Vocês conhecem o caminho para onde vou."
> (João 14:1-4)

Por que Jesus diz que os discípulos não devem se perturbar com a morte? O que ele afirma estar preparando para eles?

2. Quais outras promessas Jesus faz nessa passagem àqueles que decidem segui-lo e depositar sua fé nele como seu Salvador?

Jesus estará com você

3. Embora não recebamos todos os detalhes sobre como será o céu, um fato é consistente nas Escrituras: Jesus estará lá. Como escreve o apóstolo Paulo:

> Portanto, temos sempre confiança e sabemos que, enquanto estamos no corpo, estamos longe do Senhor. Porque vivemos por fé, e não pelo que vemos. Temos, pois, confiança e preferimos estar ausentes do corpo e habitar com o Senhor (2Coríntios 5:6-8).

O que Paulo diz sobre nossa separação atual do Senhor? O que significa "viver por fé, e não pelo que vemos"?

4. Segundo Paulo, em que podemos ter confiança? Quando estaremos na presença do Senhor?

Jesus estará com você por toda a eternidade

5. A palavra grega *aionios* é usada 68 vezes no Novo Testamento. Significa "sem início e sem fim, aquilo que sempre foi e sempre será". Em português, traduzimos essa palavra como *eternidade* (ou *eterno*), como mostra a seguinte passagem:

VOCÊ NUNCA ESTÁ SÓ

Por isso não desanimamos. Embora exteriormente estejamos a desgastar-nos, interiormente estamos sendo renovados dia após dia, pois os nossos sofrimentos leves e momentâneos estão produzindo para nós uma glória eterna que pesa mais do que todos eles. Assim, fixamos os olhos, não naquilo que se vê, mas no que não se vê, pois o que se vê é transitório, mas o que não se vê é *eterno*. (2Coríntios 4:16-18, grifo meu)

Qual é a diferença entre nosso "homem exterior" e nosso "homem interior"?

6. Como a definição de *aionios* — "sem início e sem fim, aquilo que sempre foi e sempre será" — pode ajudá-lo a entender o conceito de "eternidade"?

Oração: Faça a seguinte oração: *"Pai, tu és o Deus da vida e da luz. A morte não te assusta. Tu não estás preso ao tempo. Tu sempre foste e sempre serás. Meu cérebro humano não consegue entender o conceito da morte, do céu e da eternidade. Às vezes, tenho medo disso. Às vezes, me sinto esperançoso. Às vezes, tento não pensar nisso. Hoje eu entrego todas as minhas preocupações, dúvidas e medos sobre a vida a ti. Oro por paz de espírito e esperança no meu coração. Oro por entendimento e, quando eu não tiver entendimento, oro pela presença cheia de paz de Cristo. Obrigado pelo fato de a morte não ser o fim da minha história e de que, em Cristo, posso passar a eternidade contigo. Em seu nome eu oro, amém"*.

ESTUDO PESSOAL ENTRE AS SESSÕES

QUAL MARTA É VOCÊ?

Se você tem sido cristão por algum tempo, percebeu que sua fé evoluiu. Ela cresceu, mudou e não é mais exatamente como era quando você começou a crer. Como você discutiu em seu tempo em grupo nesta semana, Marta exibiu uma fé forte quando confrontada com a morte de seu irmão. Nem sempre ela foi retratada assim nas Escrituras, como mostra o seguinte relato:

> Caminhando Jesus e os seus discípulos, chegaram a um povoado, onde certa mulher chamada Marta o recebeu em sua casa. Maria, sua irmã, ficou sentada aos pés do Senhor, ouvindo-lhe a palavra. Marta, porém, estava ocupada com muito serviço. E, aproximando-se dele, perguntou: "Senhor, não te importas que minha irmã tenha me deixado sozinha com o serviço? Dize-lhe que me ajude!"
> Respondeu o Senhor: "Marta! Marta! Você está preocupada e inquieta com muitas coisas; todavia apenas uma é necessária. Maria escolheu a boa parte, e esta não lhe será tirada." (Lucas 10:38-42)

Qual era o estado de espírito de Marta durante a visita de Jesus à sua casa? O que ela pediu que Jesus fizesse? O que Jesus queria que ela fizesse?

1. Qual é o tom geral da conversa de Marta com Jesus?

2. Agora releia a conversa que Marta teve com Jesus após a morte de seu irmão:

Quando Marta ouviu que Jesus estava chegando, foi encontrá-lo, mas Maria ficou em casa. Disse Marta a Jesus: "Senhor, se estivesses aqui meu irmão não teria morrido. Mas sei que, mesmo agora, Deus te dará tudo o que pedires".

Disse-lhe Jesus: "O seu irmão vai ressuscitar".

Marta respondeu: "Eu sei que ele vai ressuscitar na ressurreição, no último dia".

Disse-lhe Jesus: "Eu sou a ressurreição e a vida. Aquele que crê em mim, ainda que morra, viverá; e quem vive e crê em mim, não morrerá eternamente. Você crê nisso?" Ela lhe respondeu: "Sim, Senhor, eu tenho crido que tu és o Cristo, o Filho de Deus que devia vir ao mundo." (João 11:20-27)

Novamente Marta vem a Jesus com algo que parece ser uma queixa — "se estivesses aqui meu irmão não teria morrido" (versículo 21) —, mas ela continua com outra declaração. Qual é essa declaração? Como isso se diferencia da abordagem de Marta a Jesus na história anterior (cf. Lucas 10:40)?

3. Marta poderia simplesmente ter dito "sim" quando Jesus perguntou se ela acreditava nele. Mas ela preferiu declarar quem Jesus é: "Sim, Senhor, eu tenho crido que tu és o Cristo, o Filho de Deus que devia vir ao mundo". Como isso mostra que a fé dela tinha crescido?

4. Qual é o tom geral da conversa de Marta com Jesus nessa passagem? Como ele se diferencia da conversa que ela teve com Jesus em Lucas 10?

5. Se você é cristão há algum tempo, o que mudou em seu relacionamento com Cristo ao longo dos anos? O que falta em sua comunicação com Jesus neste momento? O que é forte em sua comunicação com ele?

Oração: Passe algum tempo em oração diante do Senhor, falando com ele sobre tudo que estiver em sua mente. Ao orar, preste atenção no tom que você usa, em sua postura e no estado da sua conversa com ele. Peça que ele continue a ajudá-lo a crescer em sua fé e a confiar nele.

"VOCÊS PLANEJARAM O MAL CONTRA MIM..."

Ao longo deste estudo você tem vislumbrado o desconforto dos fariseus diante dos milagres de Jesus, mas, quando Cristo ressuscitou Lázaro dentre os mortos, seu desconforto se transformou em ódio. Embora Jesus e os fariseus fossem todos judeus e parte da mesma comunidade em Israel, os fariseus acabariam traindo Jesus e entregando-o aos romanos.

1. Alguma vez você já foi traído por alguém em sua "tribo" ou comunidade? Como essa pessoa traiu você? Como você reagiu à traição?

2. Os fariseus começaram a tramar contra Jesus após ficarem sabendo da ressurreição de Lázaro, como relata a seguinte passagem em João:

> Muitos dos judeus que tinham vindo visitar Maria, vendo o que Jesus fizera, creram nele. Mas alguns deles foram contar aos fariseus o que Jesus tinha feito. Então os chefes dos sacerdotes e os fariseus convocaram uma reunião do Sinédrio.
> "O que estamos fazendo?", perguntaram eles. "Aí está esse homem realizando muitos sinais miraculosos. Se o deixarmos, todos crerão nele, e então os romanos virão e tirarão tanto o nosso lugar como a nossa nação".
> Então um deles, chamado Caifás, que naquele ano era o sumo sacerdote, tomou a palavra e disse: "Nada sabeis! Não percebeis que vos é melhor que morra um homem pelo povo, e que não pereça toda a nação".
> Ele não disse isso de si mesmo, mas, sendo o sumo sacerdote naquele ano, profetizou que Jesus morreria pela nação judaica, e não somente por aquela nação, mas também pelos filhos de Deus que estão espalhados, para reuni-los num povo. E daquele dia em diante, resolveram tirar-lhe a vida. (João 11:46-53)

ESTUDO PESSOAL ENTRE AS SESSÕES

3. Por que os fariseus estavam preocupados com Jesus? Que medida decidiram tomar para remover a ameaça que Cristo representava para eles?

4. João observa a alegação dos fariseus de que o número crescente de seguidores de Jesus levaria as autoridades romanas a retaliarem contra eles. Caifás, o sumo sacerdote, sugeriu sacrificar Jesus a fim de salvar o resto dos judeus. No entanto, a ideia de sacrificar um por muitos não era um valor judeu. Na verdade, a tradição judaica ensinava o contrário — não trair um único israelita, mesmo quando isso significava a morte de outros. Assim, se Jesus não era *realmente* uma ameaça para os judeus nesse sentido, por que os fariseus queriam matar Jesus? Qual era a razão verdadeira pela qual queriam matá-lo?

5. A trama dos fariseus contra Jesus acabou sendo bem-sucedida. Isso ocorreu devido à outra traição — a de um de seus próprios discípulos - e levou à sua prisão pelos romanos no jardim de Getsêmani. João relata os momentos de Cristo na cruz:

Perto da cruz de Jesus estavam sua mãe, a irmã dela, Maria, mulher de Clopas, e Maria Madalena. Quando Jesus viu sua mãe ali, e, perto dela, o discípulo a quem ele amava, disse à sua mãe: "Aí está o seu filho", e ao discípulo: "Aí está a sua mãe". Daquela hora em diante, o discípulo a levou para casa.

Mais tarde, sabendo então que tudo estava concluído, para que a Escritura se cumprisse, Jesus disse: "Tenho sede". Estava ali uma vasilha cheia de vinagre. Então embeberam uma esponja nela, colocaram a esponja na ponta de um caniço de hissopo e a ergueram até os lábios de Jesus. Tendo-o provado, Jesus disse: "Está consumado!" Com isso, curvou a cabeça e entregou o espírito. (João 19:25-30)

A declaração de Jesus "Está consumado" não foi uma rendição, mas uma declaração de vitória. A humanidade tinha sido *redimida*. Como isso representa o maior milagre no evangelho? Como você responde a esse ato de redenção – de Jesus tomar sobre si os seus pecados para que você nunca fosse separado de Deus?

6. No Antigo Testamento, lemos como José foi traído por seus irmãos e vendido como escravo no Egito, onde ele sofreu muito. Mas, quando ele olhou para trás, pôde lhes dizer: "Vocês planejaram o mal contra mim, mas Deus o tornou em bem, para que hoje fosse preservada a vida de muitos" (Gênesis 50:20). Como essa declaração se aplica a Jesus e à trama dos fariseus contra ele? Como ela se aplica a você?

Oração: Personalize Gênesis 50:20 em seu tempo de oração de hoje. Substitua "vocês" pelo nome da pessoa que feriu você e agradeça a Deus pelo bem que resultou disso. Se restar alguma mágoa ou dor dessa traição, apresente isso ao Pai. Peça a ajuda dele para perdoar a pessoa que feriu você ou para dar os passos necessários em direção a uma cura.

REFLEXÃO ADICIONAL

Use o espaço abaixo para refletir ainda mais sobre o que você estudou nesta semana: o que acontece quando morremos, como nos comunicamos com Jesus e como Deus usa o mal para o bem. Anote seus pensamentos, escreva-os como uma oração a Deus ou faça perguntas sobre o que você aprendeu, agradecendo a ele por aquilo que aprendeu ou buscando respostas dele sobre o que fazer em seguida, agora que entende melhor esses temas das Escrituras. Anote também quaisquer observações ou perguntas que você queira apresentar ao grupo na próxima reunião.

Para a próxima semana: Para se preparar para a próxima semana, leia os capítulos 10-12 de *Você nunca está só*.

— SESSÃO SEIS —

Deus está contigo quando você precisa de graça

Depois de comerem, Jesus perguntou a Simão Pedro: "Simão, filho de João, você me ama realmente mais do que estes? Disse ele: "Sim, Senhor, tu sabes que te amo". Disse Jesus: "Cuide dos meus cordeiros".

João 21:15

ABERTURA

Se você tem um cachorro, já vivenciou a vergonha de seu animal quando ele fez algo errado. Talvez você tenha voltado para casa após ter saído para jantar, e a primeira coisa que viu foram pedaços das almofadas do sofá espalhados pela casa. Ou o desaparecimento misterioso do bolo que estava sobre o balcão. Em vez de cumprimentá-lo na porta, seu cachorro se escondeu num canto, aguardando punição, envergonhado daquilo que fez.

Nós humanos não somos muito diferentes quando cometemos erros. Nosso instinto é fugir e nos esconder... para evitar a bronca, a apologia, o sermão. Mas vergonha nunca poderá nos curar. Em algum momento, confissão, arrependimento e restauração se tornam necessários. No fim descobrimos que, embora os passos até a restauração sejam difíceis, eles valeram a pena por causa da restauração.

Jesus entende muito bem as nossas falhas humanas. Embora seus discípulos tenham passado praticamente cada momento em sua presença durante seu tempo na terra, com certeza não eram tão perfeitos quanto ele. Eles fracassavam com frequência. Judas o traiu e o entregou aos fariseus. Pedro negou três vezes que conhecia a Cristo. O resto dos discípulos abandonou Jesus na cruz.

Os discípulos também mostraram suas falhas diante do maior dos milagres de Jesus — sua ressurreição. A maioria deles duvidou. Um deles se recusou a crer até ver as evidências pessoalmente. Um deles viu o túmulo vazio e *creu*. Independentemente de suas ações e reações, Jesus mesmo assim os amou. E demonstrou seu amor de forma incrível. Ele não aumentou sua vergonha e os puniu. Em vez disso, decidiu estar presente com eles após a sua ressurreição. Ele era um lugar seguro para confessarem, se arrependerem e crerem.

Todos nós temos falhas semelhantes às dos discípulos, mas a promessa do evangelho é de que, não importa o quanto duvidemos de Deus, erremos ou fracassemos, Jesus está pronto para nos perdoar e estar conosco. Ele nos oferece o mesmo presente que ofereceu aos discípulos: *graça*.

Quando estamos em Cristo, nunca estamos sós.

COMPARTILHE

Comece sua sessão em grupo pedindo a todos que compartilhem as descobertas feitas no estudo pessoal da última semana. Então, discuta uma das seguintes perguntas:

- Como você costuma reagir quando sente vergonha por causa de algo que fez? Você acha que essa é uma reação saudável ou não? Explique.

— ou —

- Houve um momento em que você decidiu estender graça à outra pessoa que o injustiçou? O que aconteceu como resultado de seu presente?

LEIA

Convide alguém para ler a passagem seguinte em voz alta. Fique atento a novas percepções enquanto ouve a leitura dos versículos, depois discuta as perguntas a seguir:

> Simão Pedro e outro discípulo estavam seguindo Jesus. Por ser conhecido do sumo sacerdote, este discípulo entrou com Jesus no pátio da casa do sumo sacerdote, mas Pedro teve que ficar esperando do lado de fora da porta. O outro discípulo, que era conhecido do sumo sacerdote, voltou, falou com a moça encarregada da porta e fez Pedro entrar. Ela então perguntou a Pedro: "Você não é um dos discípulos desse homem?"

Ele respondeu: "Não sou".

Fazia frio; os servos e os guardas estavam ao redor de uma fogueira que haviam feito para se aquecerem. Pedro também estava em pé com eles, aquecendo-se. [...]

Enquanto Simão Pedro estava se aquecendo, perguntaram-lhe: "Você não é um dos discípulos dele?"

Ele negou, dizendo: "Não sou".

Um dos servos do sumo sacerdote, parente do homem cuja orelha Pedro decepara, insistiu: "Eu não o vi com ele no olival?"

Mais uma vez Pedro negou, e no mesmo instante um galo cantou. (João 18:15-18; 25-27)

Qual é o ponto principal que se destaca para você nessa passagem?

Quais eventos relatados nessa passagem levaram à negação de Cristo por Pedro?

DISCUTA

Separe alguns minutos com os membros de seu grupo para abrir um debate e explorar estes conceitos bíblicos:

1. Embora Jesus tivesse preparado os discípulos para o que aconteceria com ele, eles mesmo assim o abandonaram na noite de sua prisão e durante sua crucificação. Por que os discípulos fizeram isso? Qual era sua motivação?

2. Leia João 20:1-10. Nessa passagem, em que momento João creu? O que o levou a crer?

3. Costumamos dizer: "Preciso ver para crer". Você é esse tipo de pessoa? Ou a fé é algo fácil para você? Explique.

4. Pedro tinha cortado a orelha de um servo do sumo sacerdote quando Jesus foi preso no jardim de Getsêmani. Por que, pouco tempo depois, Pedro negou conhecer a Cristo? Em quais aspectos você se identifica com a experiência de Pedro?

5. Qual é a simbologia na forma como Jesus restaurou Pedro? O que isso diz sobre o caráter de Jesus? O que isso diz sobre sua disposição de estender graça?

6. Se a distância entre Jesus e Pedro era de cem passos, Cristo deu 99 passos e meio. Mas Pedro ainda tinha que dar o seu próprio passo. Qual foi o passo que Pedro teve que dar? O que isso diz sobre a parte que nós exercemos na nossa restauração?

7. Contemple a história de Pedro no contexto de sua fé. Você se envergonha de algum fracasso em seu passado que esteja impedindo você de estar em comunhão com Deus? Tem vergonha de alguma dúvida que possa ter? Qual é o passo que você pode dar na direção de Jesus hoje?

8. Ao encerrar esse tempo de discussão, diga uma ou duas verdades valiosas que você aprendeu neste estudo e que gostaria de compartilhar. O que aprendeu sobre si mesmo?

RESPONDA

Use o espaço abaixo para anotar dois ou três objetivos que poderiam fortalecer seu relacionamento com Deus e que o lembrariam de que *você nunca está só*. Quando tiver terminado essa tarefa, separem-se em pequenos grupos de dois ou três para compartilhar o que escreveram.

ENCERRE

Encerre seu estudo lendo a oração seguinte em voz alta. Uma pessoa pode ler, ou todos podem ler juntos: "Amado Deus, obrigado por este tempo de estudo que tivemos juntos. Obrigado por tua palavra. Obrigado por Jesus. Tu prometeste que nunca estaremos sós. Dá-nos confiança nessa promessa. Lembra-nos de que nunca estamos sós nos momentos ordinários da vida, quando nos sentimos presos, quando nos encontramos na tempestade e nos vales da vida, quando estamos no escuro e até mesmo quando falhamos. Tu estás conosco em cada momento, medo e dúvida. Obrigado por tua presença. Conscientiza-nos disso todos os dias. Em nome de Jesus, amém".

— FINAL —

Estudo pessoal

Reflita sobre o material que você estudou nesta semana fazendo uma ou todas as atividades entre as sessões. Cada estudo pessoal consiste em várias atividades de reflexão para ajudá-lo a aplicar o que você aprendeu no grupo. O tempo que você investir será tempo bem-investido, portanto permita que Deus o use para aproximar você dele. Em sua próxima reunião, compartilhe qualquer um dos pontos centrais ou das percepções que se destacaram para você ao passar esse tempo com o Senhor.

UMA SUBIDA LENTA E ÍNGREME

Quando escreveu sobre a ressurreição de Jesus, João sabia que estava nos pedindo demais ao desejar que acreditássemos em tudo aquilo. Ele sabia que poderíamos ter dúvidas quando lêssemos sobre os outros milagres que ele relata em seu evangelho. Mas a ressurreição? Isso ia além de "pedir um pouco demais". Mesmo assim, talvez isso tenha sido para o nosso bem. Todos nós precisamos processar nossos equívocos e ponderar as verdades sobre a nossa fé. Precisamos buscar respostas e subir os degraus — por mais lenta e íngreme que a subida possa ser — que nos levarão à fé em Cristo.

1. Alguma vez você já teve que corrigir equívocos sobre sua fé ou refletir sobre as verdades do evangelho? Qual era a dúvida que você precisou processar?

2. Quais incertezas você está ponderando agora, no fim deste estudo?

3. A dúvida tem uma fama ruim no cristianismo e nas comunidades de fé, mas, quando você vê como dúvidas e perguntas são tratadas na Bíblia, percebe que elas não são pecaminosas nem erradas. A seguinte história no Evangelho de Marcos ilustra como Jesus responde às nossas dúvidas:

Um homem, no meio da multidão, respondeu: "Mestre, eu te trouxe o meu filho, que está com um espírito que o impede de falar. Onde quer que o apanhe, joga-o no chão. Ele espuma pela boca, range os dentes e fica rígido. Pedi aos teus discípulos que expulsassem o espírito, mas eles não conseguiram".
Respondeu Jesus: "Ó geração incrédula, até quando estarei com vocês? Até quando terei que suportá-los? Tragam-me o menino".

ESTUDO PESSOAL

Então, eles o trouxeram. Quando o espírito viu Jesus, imediatamente causou uma convulsão no menino.

Este caiu no chão e começou a rolar, espumando pela boca.

Jesus perguntou ao pai do menino: "Há quanto tempo ele está assim?"

"Desde a infância", respondeu ele. "Muitas vezes o tem lançado no fogo e na água para matá-lo. Mas, se podes fazer alguma coisa, tem compaixão de nós e ajuda-nos."

"Se podes?", disse Jesus. "Tudo é possível àquele que crê".

Imediatamente o pai do menino exclamou: "Creio, ajuda-me a vencer a minha incredulidade!"

Quando Jesus viu que uma multidão estava se ajuntando, repreendeu o espírito imundo, dizendo: "Espírito mudo e surdo, eu ordeno que o deixe e nunca mais entre nele".

O espírito gritou, agitou-o violentamente e saiu. O menino ficou como morto, a ponto de muitos dizerem: "Ele morreu".

Mas Jesus tomou-o pela mão e o levantou, e ele ficou em pé. (Marcos 9:17-27)

Superficialmente, essa passagem parece conter mensagens conflitantes sobre a dúvida. Qual é a tensão que você sente ou quais são as perguntas que você tem em relação a essa história?

4. Observe as declarações de Jesus no versículo 19. Como você imagina o tom de voz de Cristo ao fazer as perguntas? Por que ele se sentiu assim?

5. Jesus diz ao pai: "Tudo é possível àquele que crê" (versículo 23). Qual é a resposta do homem a essa declaração? Você se identifica com seu sentimento? Como?

6. O que essa história lhe diz sobre como Jesus responde às suas dúvidas e descrença? Que esperança isso lhe dá ao enfrentar suas próprias dúvidas?

Oração: As palavras do pai nessa história são uma oração perfeita em si mesma: "Creio, ajuda-me a vencer a minha incredulidade!". Basta oferecer essas palavras a Deus quando você tiver dúvidas. Recite esse versículo hoje com qualquer outra coisa que precise apresentar a Deus em oração.

SEM VERGONHA

Na sessão em grupo desta semana você discutiu a negação de Cristo por Pedro e a vergonha que ele sentiu como resultado disso. Inúmeros outros personagens da Bíblia também experimentaram vergonha. Na verdade, a vergonha é literalmente a história mais antiga no livro. Nos primeiros capítulos de Gênesis, lemos como Deus instruiu Adão e Eva a não comerem da árvore do conhecimento do bem e do mal (cf. 2:15-17). E o que eles fizeram? Eles comeram da árvore do conhecimento do bem e do mal... e então se esconderam de Deus. E foi assim que o Senhor respondeu ao seu ato:

ESTUDO PESSOAL

Ouvindo o homem e sua mulher os passos do Senhor Deus que andava pelo jardim quando soprava a brisa do dia, esconderam-se da presença do Senhor Deus entre as árvores do jardim. Mas o Senhor Deus chamou o homem, perguntando: "Onde está você?"

E ele respondeu: "Ouvi teus passos no jardim e fiquei com medo, porque estava nu; por isso me escondi".

E Deus perguntou: "Quem lhe disse que você estava nu? Você comeu do fruto da árvore da qual lhe proibi comer?"

Disse o homem: "Foi a mulher que me deste por companheira que me deu do fruto da árvore, e eu comi".

O Senhor Deus perguntou então à mulher: "Que foi que você fez?" Respondeu a mulher: "A serpente me enganou, e eu comi". (Gênesis 3:8-13)

1. Por que Adão e Eva se esconderam? Onde ouviram Deus andar?

2. Por que Deus estava procurando Adão e Eva?

3. Que tipo de conversa Deus teve com Adão e Eva? O que eles contaram para Deus?

4. Qual é um exemplo recente na sua vida em que você cometeu um erro e teve esse instinto de se esconder daquele que você machucou ou decepcionou? O que aconteceu em seguida?

5. De acordo com essa história, onde Deus está em nossa vergonha? Como ele lida com nossa vergonha?

6. O que você sente em relação à vergonha hoje? Onde você percebe Deus em sua vergonha?

Oração: Faça a seguinte oração: *"Amado Deus, sei que tu estás comigo até mesmo na minha vergonha. Minha culpa e minha vergonha me fazem querer fugir e me esconder, mas hoje eu venho até ti. Apresento a ti a minha vergonha para que tu possas tirá-la de mim. Foi por isso que tu enviaste teu Filho — para que eu nunca mais voltasse a sofrer a vergonha da culpa. Em Cristo, sou novo todos os dias. A vergonha não precisa me esmagar. Obrigado por essa verdade. No nome do meu Salvador, eu oro. Amém".*

ESTUDO PESSOAL

PARA QUE VOCÊS CREIAM

João não registrou os milagres de Jesus simplesmente para impressionar seus leitores. Como ele disse: "Mas estes foram escritos para que vocês creiam que Jesus é o Cristo, o Filho de Deus e, crendo, tenham vida em seu nome". Esperamos que sua fé tenha sido fortalecida — ou, no mínimo, examinada – durante este estudo. Em seu último tempo de estudo pessoal, volte para a Sessão Um deste Guia de Estudos e leia as respostas e reflexões que você anotou sob o título "Você acredita em milagres?".

1. Leia o que você respondeu à pergunta 3: "Como você se sente em relação aos milagres descritos na Bíblia? Você acredita que aconteceram ou considera que são folclore?". Sua resposta a essa pergunta mudou? Permaneceu igual? Explique.

2. Faça uma revisão das seis promessas que você estudou, começando por *Deus está com você no ordinário*. Como você experimentou Deus em seu dia a dia nas últimas seis semanas?

3. *Deus está contigo quando você está preso*. O que você aprendeu sobre como Deus pode ajudá-lo quando você está preso?

4. *Deus está com você na tempestade e na escuridão.* Onde você sentiu a presença de Deus numa tempestade que enfrentou? Deus ajudou você a ver algo novo numa área de sua vida que antes estava escura?

5. *Deus está com você no vale.* O que você aprendeu sobre Deus ao refletir sobre "o vale da morte" – o seu próprio ou o de um ente querido? Que esperança você ganhou com este estudo ao refletir sobre o fato da sua própria mortalidade?

6. *Deus está contigo quando você precisa de graça.* Onde Deus encontrou você em sua vergonha? Em que você mais precisa da graça de Deus hoje? Qual é um passo que você poderia dar?

Oração: Como você se sente ao encerrar este estudo? Grato? Em paz? Confuso? Talvez tenha sentimentos mistos? Identifique o que está sentindo e apresente isso a Deus. Agradeça a ele, faça a ele qualquer pergunta que você possa ter ou simplesmente permaneça em sua presença.

REFLEXÃO ADICIONAL

Ao encerrar este estudo, reflita sobre o que você escreveu durante seu tempo de resposta na sessão de grupo desta semana. Anote quaisquer outros objetivos que você estabeleceu e que foram inspirados por este estudo, dizendo como espera alcançá-los.

Guia para o líder

Obrigado por sua disposição de liderar seu grupo neste estudo! O que você decidiu fazer é importante, e bons frutos podem resultar de estudos como este. As recompensas de ser um líder são diferentes das reservadas para aqueles que participam do grupo. Esperamos que, ao liderar seu grupo, você possa aprofundar sua jornada com Jesus através da experiência de aprender sobre os milagres no Evangelho de João e o que eles significam para sua vida hoje.

Você nunca está só é um estudo de seis sessões construído em torno de conteúdos do livro e da interação num pequeno grupo. Como líder, imagine-se anfitrião de um banquete. Seu trabalho é cuidar de seus convidados administrando todos os detalhes nos bastidores para que, quando todos chegarem, possam desfrutar de seu tempo juntos.

Como líder do grupo, seu papel não é responder a todas as perguntas ou repetir o conteúdo — o livro e o Guia de Estudos farão esse trabalho por você. Seu trabalho consiste em guiar a experiência e cultivar seu pequeno grupo como um tipo de comunidade de ensino. Isso fará dele um lugar para processar ideias, questionar e refletir — não para receber ainda mais instruções.

Existem vários elementos para o líder neste guia, e eles ajudarão você a estruturar seu estudo e seu tempo de reflexão. Então nos acompanhe e aproveite cada um.

ANTES DE COMEÇAR

Antes de sua primeira reunião, garanta que todos os membros do grupo tenham um exemplar deste livro, para que possam se preparar melhor para os encontros, se assim desejarem. Outra opção é entregar uma cópia do guia de estudo aos membros na primeira reunião e dar a eles um tempo para folhear o material e fazer perguntas preliminares. Enquanto isso, anote o nome, telefone e e-mail de cada membro para que você possa entrar em contato com eles durante a semana.

Normalmente, o tamanho ideal de um grupo varia de oito a dez membros, o que garante que todos possam participar das discussões. Se houver mais pessoas, você pode dividi-las em subgrupos menores. Encoraje aqueles que aparecerem na primeira reunião a se comprometerem a participar do estudo inteiro, pois isso ajudará os membros a se conhecerem, criarem estabilidade para o grupo e saberem como se preparar a cada semana.

Cada uma das sessões começa com uma reflexão de abertura. As duas perguntas na seção "Compartilhe" servem para quebrar o gelo e ajudar os membros do grupo a começarem a refletir sobre o tema que será abordado. A pergunta a ser feita fica a seu critério. Geralmente, uma delas é um pouco mais profunda e a outra é mais superficial, então sinta a temperatura do grupo para decidir qual pergunta vocês devem discutir.

Observe que algumas pessoas podem querer contar uma história longa em resposta a uma dessas perguntas, mas o objetivo é que as respostas sejam breves para que todos tenham a oportunidade de participar. Se você tiver membros que gostam de falar, diga desde o início que todos precisam limitar sua resposta a um minuto.

Além de garantir que todos tenham espaço para responder, também diga que eles podem se sentir à vontade para passar a palavra adiante se assim desejarem. No que diz respeito ao resto do estudo, normalmente não é uma boa ideia pedir que todos respondam a todas as perguntas — uma discussão que flua naturalmente é mais desejável. No entanto, com as primeiras perguntas de abertura, você pode permitir que todos respondam. Encoraje pessoas tímidas a compartilharem, mas não as obrigue.

No final da Sessão Um, convide os membros do grupo para, durante a semana, completarem em casa os estudos pessoais entre as sessões e explique que você providenciará algum tempo na semana seguinte para que todos possam compartilhar suas descobertas. Informe-os que compartilhar é opcional e que não é nenhum problema se não conseguirem fazer algumas das atividades indicadas. Mesmo assim, será benéfico ouvir os outros participantes e saber o que eles descobriram.

PREPARAÇÃO SEMANAL

Como líder, existem algumas coisas que você deve preparar para cada reunião:

- *Leia todo o material da sessão.* Isso ajudará você a se familiarizar com o conteúdo e a saber como estruturar os momentos de discussão.
- *Decida quais perguntas você quer discutir.* Com base na duração da discussão em grupo, é possível que você não consiga realizar todo o estudo bíblico e todas as discussões em grupo, então escolha quatro a cinco perguntas das quais você não quer abrir mão.
- *Familiarize-se com as perguntas que quer discutir.* Durante a reunião do grupo, você vai estar de olho no relógio. Assim, garanta que se familiarizou com as perguntas que escolheu. Dessa forma você garante que se aprofundou mais no material do que os membros do seu grupo.
- *Ore por seu grupo.* Ore pelos membros do seu grupo ao longo da semana e peça a Deus que os guie enquanto estudam a sua Palavra.
- *Leve material extra para a reunião.* Os membros devem levar sua própria caneta para fazer anotações, mas é sempre uma boa ideia ter canetas extras disponíveis para aqueles que esquecerem. Talvez você queira levar também papel e bíblias adicionais.

Observe que, em muitos casos, as perguntas não terão uma resposta "correta". Elas, na verdade, serão variadas, especialmente quando você pedir aos membros do grupo para que compartilhem uma experiência pessoal.

GUIA PARA O LÍDER

COMO ESTRUTURAR O TEMPO DE DISCUSSÃO

Será preciso determinar com seu grupo qual será o tempo de duração dos encontros semanais, para que você possa planejar melhor a duração de cada parte da reunião. Em geral, a maioria dos grupos gosta de se reunir por noventa minutos ou duas horas, então você poderia usar o seguinte esquema:

SEÇÃO	90 MINUTOS	120 MINUTOS
ABERTURA Os membros chegam e se sentam	15 minutos	15 minutos
COMPARTILHE Discuta uma ou mais perguntas de abertura para a sessão	20 minutos	30 minutos
LEIA Discuta as perguntas baseadas na leitura bíblica para a semana	15 minutos	20 minutos
DISCUTA Discutam as perguntas do estudo bíblico que você escolheu	30 minutos	40 minutos
RESPONDA/ORE Orem juntos como grupo e se despeçam	10 minutos	15 minutos

Como líder do grupo, cabe a você ficar de olho na hora e cumprir a agenda estabelecida. Talvez você queira programar um alarme para cada parte a fim de que você e o grupo saibam quando o tempo acabou. (Observe que existem alguns bons aplicativos para celulares que usam toques suaves ou outros sons agradáveis no lugar de barulhos irritantes.)

Não se preocupe se os membros de seu grupo forem silenciosos ou demorarem a compartilhar. Muitas vezes as pessoas se aquietam quando tentam estruturar suas ideias, e isso pode ser uma experiência nova para elas. Faça a pergunta e deixe-a no ar até alguém tomar a iniciativa de compartilhar. Então você pode dizer: "Muito obrigado. Mais alguém?".

DINÂMICA EM GRUPO

Liderar um grupo com o Guia de Estudos será altamente recompensador para você e os membros do seu grupo. No entanto, isso não significa que você não enfrentará alguns desafios ao longo do caminho. Discussões podem sair do controle. Algumas pessoas podem não ser sensíveis às necessidades e ideias de outras. Alguns podem temer que terão que falar sobre assuntos que os constrangem. Outros podem fazer comentários que resultam em discórdia. Para aliviar o estresse, tente seguir algumas regras básicas:

1. Quando alguém fizer uma pergunta ou um comentário que foge ao tema, diga que você irá tratar daquele assunto em outro momento; se acha que deve seguir nessa direção, informe o grupo, dizendo que você gastará algum tempo discutindo aquela questão.
2. Se alguém fizer uma pergunta que você não souber responder, diga que não sabe, comprometa-se a pesquisar sobre o

assunto para dar uma resposta depois e continue. Sinta-se à vontade para convidar membros do grupo para que comentem as perguntas que exijam alguma experiência pessoal.
3. Se você tiver uma ou duas pessoas que dominem o tempo de discussão, dirija algumas perguntas aos outros no grupo. Fora do tempo em grupo, peça que os membros dominantes ajudem você a encorajar os mais quietos. Trabalhe para que eles sejam parte da solução, e não o problema.
4. Caso surja alguma discórdia, incentive os membros do grupo a processarem a questão com amor. Encoraje aqueles em lados opostos a repetir o que ouviram o outro lado dizer sobre a questão, e então convide cada lado para que avalie se essa percepção é correta. Lidere o grupo na análise de outras passagens bíblicas relacionadas ao tema; busquem um fundamento comum.

Quando surgir algum desses problemas, encoraje seu grupo a seguir estas palavras da Bíblia: "Amem uns aos outros" (João 13:34); "Façam todo o possível para viver em paz com todos" (Romanos 12:18); "tudo o que for verdadeiro, tudo o que for nobre, [...] tudo o que for amável, [...] se houver algo de excelente ou digno de louvor, pensem nessas coisas" (Filipenses 4:8); e "Sejam todos prontos para ouvir, tardios para falar e tardios para irar-se" (Tiago 1:19). Isso tornará seu tempo em grupo mais compensador e benéfico para todos que participarem.

Obrigado mais uma vez por sua disposição de liderar o seu grupo. Que Deus recompense seus esforços e sua dedicação; que ele equipe você e guie seu grupo nas próximas semanas e que ele torne seu tempo juntos em *Você nunca está só* frutífero para o Reino dele.

Este livro foi impresso pela Terrapack, em 2023,
para a Thomas Nelson Brasil. O papel do miolo é
Ivory 65g/m², e o da capa, cartão 250 g/m².